[著] 三上 剛史
MIKAMI Takeshi

社会学的
ディアボリズム

―リスク社会の個人―

学文社

まえがき

　「ディアボリズム」という言葉は，社会学ではなじみのない用語である。社会学の文献に登場することはほとんどないだろう。ディアボリックという言葉はギリシャ語が語源で，敵対や不和を形容する語であり，「ディアボロス」となれば「悪魔」である。本書では，"分離と個別化を生む契機"として，「ディアボリックなもの」という用語を使用している。

　ディアボリズムは，ディアボリックな視点に立つこと意味する。したがって，「社会学的ディアボリズム」は，ディアボリックなものの契機を重視する社会学ということになる。同時に，ディアボリズムという言葉はまた，ディアボリックな契機が優位を占めている社会的状態そのものを指す意味でも使用している。

　この言葉を社会学用語として使ったのはニクラス・ルーマンが初めてではないかと思う。『社会の経済』(1988年) の中で，ルーマンは「ディアボリックなもの」(悪魔的なもの) という表現を用い，これを分離と個別化を生む契機として，「シンボリックなもの」に対置している。

　本書では，この用語をより一般的に応用可能な概念として展開しようとしている。ディアボリックな契機に注目することが，とりわけ現代社会において重要であることを示したいと思う。

　「シンボル」のほうは，社会学においても社会学以外の周辺科学においても，よく使用される用語である。ディアボリックなものと

まえがき

は反対に,「シンボリックなもの」は結合と連帯を生む契機として,もっぱらプラスの意味で使用されている。

だが,そのプラスの意味で用いられるシンボルによる結合と連帯が,今やディアボリックなものの働きに道を譲らねばならぬ位相にあり,シンボリックなものの優越による社会構想は,制度疲労を起こしつつあるのではないか。以下の各章では,このような点を検討することになる。

本書では,個人と社会を,独立した別種の存在として考えている。個人が社会の「中」に包摂されるという意味での社会の個人ではなく,社会と「対峙」する個人という視点を強調したい。

一対の概念である〈個人と社会〉は,それぞれに異なった別種の存在であり,相互に対峙し向きあっているが,あくまでも,個人は社会関係の中でその存在を維持している。そういう含意もあって,"リスク社会の個人"という副題を掲げた。

現代社会学は,そのことを表現するための理論形成をかなりの程度まで達成しつつある。もともとはエミール・デュルケームやゲオルク・ジンメルなどの古典的社会学でもそう考えていたはずである。ただし,近年に至るまで,それを適切に表現する社会学的ヴォキャブラリーが不足していたし,近代の社会は,個人が社会の内に首尾よく包摂されるような社会構想を受け入れてきた。

社会学は,個人を社会に包摂しながら,それぞれに別個の存在である二つのもののバランスをうまく取ろうとしてきた。その学問的

まえがき

努力の歴史が社会学の歴史だと言っても過言ではないだろう。道徳と社会規範を内面化しつつ、それ自身が自律的主体であるような個人が存在し、同時に、個人の配慮を超えた社会的事実としての、個人には還元できない独自の社会が存在する。

　この現象をうまく調停することが、社会学の課題であり続けてきた。けれども今や、その見方は放棄せねばならないのではないか。リスク社会の到来によって、個人はこれまでとは異なったあり方を求められている。その理由を問い、それに替わるいかなる理論的観点が存在し得るのかについて検討すること、それが本書の課題である。

　第1章は、東日本大震災とりわけ「フクシマ」原発に触発されて、書き始められたものでもある。個人は、リスク社会とどのように向きあわねばならないのか。個人化して社会から「切れて」ゆく個人と、「終焉」しつつあると言われる社会が、それでもどのようにして接続され続けるのか。そのことを考えるための素材として、「3・11」を取り上げている。

　ここでは、「個人」「社会」、そして「個人と社会」という連続した三つの問題系列を、「ディアボリックなもの」と「シンボリックなもの」との対比によって整理し、現代という時代において、ディアボリックなものへの注目が求められることを示す。それは同時に、社会学がその創成期から抱いていた、個人と社会の結びつきについての思考法を根本から見直す作業でもある。

　その後に続く二つの章では、「愛」と「信頼」という具体的テー

まえがき

マを通して,第1章では駆け足的にしか触れることのできなかった論点を,より詳細に検討している。

第2章で「親密性」,第3章では「信頼」という,二つのテーマを掘り下げることによって,現代社会におけるディアボリックなものの現れを示しつつ,個人と社会を「切り」つつ「結ぶ」ことの具体的様相を提示し,第1章で提起した論点の強化と補足を目指している。

第2章では,親密であることの困難を「親密圏のディアボリズム」として描写し,「愛」という近代的メディアの特性とパラドクスを検討しながら,現代社会において,親密性というものが個人にとって持つ意味を考える。

個人が社会に包摂されるのではなく,社会や他者と対峙した存在であるということ,そして,そこにはいつもディアボリックな危うさがあるという事実を,最も身近な人間関係から捉え直そうとするものである。

第3章では,「信頼」という概念の意味を分析しながら,公共圏の困難について論じたい。第2章で扱った親密圏のディアボリズムに対応させて,ここでは「公共圏のディアボリズム」について考察する。はたして我々は"信頼を信頼する"ことができるのか?

これは,第1章で取り上げた「フクシマ」問題を,より綿密に検討するものでもあり,信頼という概念に含まれるディアボリックな側面を明らかにしようとするものである。

信頼によって,我々は"繋がっている"という思想は,現代のリ

まえがき

スク社会においては，むしろ危ういものとなるのではないか。"繋がっていない"ことの自覚こそが，新たな社会観を醸成するのではないか。そして，そのことが逆に，リスク社会において適切な対応をとることを可能にする，という道筋を見出そうとしている。

第1章から第3章までで述べてゆくことは，現代社会において〈個人と社会〉の関係をどのように構想するかという，理論的な図式設定に大きく関わっている。これまでの近代社会とは異なり，個人と社会の関係が新たな形で構想されねばならないとしたら，それはどのような理論的構図においてなのか。第4章と第5章では，この点を明らかにすべく，個人と社会の関係性を理論的に検討する。

そういう意味では，第1章から第3章までは，いわば第4章と第5章の応用問題であり，第4章と第5章が原理論となる。順序が前後することになるが，現実的問題に焦点を当て，応用問題から入るほうが分かりやすく，また説得力もあると考えて，原理論を後に持ってきた。

第4章では，そもそも「個人」とは何であり，近代社会においては，個人というものがどのように概念化されてきたかを検討する。その際，特に現代社会に進行する新しい意味での「個人化」現象に焦点を当て，「個人的なもの」とは一体何なのかについて考える。

第5章においては，前章を踏まえて，個人と社会，より正確には，「個人的なもの」と「社会的なもの」とが，現代社会においてどのようにして可能になっているかを検討する。「終焉しつつある」

まえがき

とも言われる社会は,「個人化」といかにして両立しているのか。そのことを,個人と社会を「と」で結ぶことの意味として再検討する。それはまた,社会学がその「と」の部分を,どのように考えてきたかを批判的に再確認する作業でもある。

　第4章と第5章での検討を経て,それ以前の各章で述べた現実的諸傾向は,個人と社会の「分離」として理解されるのではないか。個人と社会をシンボリックに結びつけようとする思想は,両者がディアボリックな関係にあるという現実を承認せねばならないだろう。そしてそのことは,個人と社会の関係をシンボリックに夢想するよりは,よりリスクを回避・軽減できる方向に我々を導くのではないか。

目　次

まえがき　1

第1章　ディアボリックなもの …………………………… 11

序　11

第1節　シンボリックなもの/ディアボリックなもの　13

（1）分離する働き　13/（2）近代的シンボリズムの終焉　15

📖 ディアボリズムとコンフリクト・モデル　16

第2節　リスクとシンボリズム　19

（1）近代とリスク　19/（2）失効するシンボリズム　20
（3）「3・11」の「リスク」と「危険」　21

第3節　再帰的ディアボリズム　24

（1）信頼のシンボリズム　24/（2）ディアボリズムと監視社会　27/（3）ディアボリックなものの自覚　29

📖 パノプティコンと"中心"のある社会　28/選択可能性としてのリスク　31

第4節　分離されること　31

📖 公共圏と親密圏　32

第2章　親密性のパラドクス …………………………… 37

序　37

第1節　特異なコミュニケーション　38

📖 親密性と家族　39

第2節　"ロマンチック・ラブ"という理想　40

7

目 次

第3節 ポスト近代と親密性　41
第4節 親密さのコード　44

（1）『情熱としての愛』　45／（2）愛のコード　48

📖 「愛」の社会史　46

第5節 愛というメディア　50

（1）二重の不確定性　50／（2）愛のみによって愛を支える　52／（3）愛というリスク　56／（4）親密圏のディアボリズム　60

📖 愛とセクシャリティ　53／パラドクス　54／自我と他我の結びつけ　56

第3章　信頼のリスク　……………………………………………　65

序　65

📖 パットナムと「社会的信頼」　67

第1節 「安全」の脱構築　67

📖 「リスク」と「危険」　69

第2節 信頼論の構造　71

（1）〈信仰／信頼〉〈知識／無知〉　72／（2）信仰─信頼─確信　75／（3）信頼と不信　79

📖 信頼，確信，慣れ親しみ　77／不知（Nichtwissen; ignorance）　84

第3節 信頼の構造転換　……………………………………………　85

（1）リスク社会の信頼　86／（2）信頼と監視　89／（3）監視による迂回　91

小括 「個人」という問いへ　93

目 次

第4章 個人化する個人 …………………………………… 97

序　97

第1節　個人の個人化　98

（1）"個人化"する個人　98／（2）"主観"という客観化　101

第2節　個人化論　103

（1）「第二の近代」と擬似主体　103／（2）Individuum と Dividuum　106

■ 社会的なものへの問い　104

第3節　〈包摂・内在〉型から〈分離・接続〉型へ　108

（1）デュルケーム＝パーソンズ図式　108／（2）「第二の近代」という細道　112／（3）〈包摂・内在〉〈分離・接続〉　116

■ ポストモダン倫理　109／デュルケーム＝パーソンズ図式　110／社会のコンテナ理論　111／ベックとデュルケーム　113／再帰性（reflexivity）と自己言及　116

第4節　個人化と社会学　118

（1）『ゲマインシャフトとゲゼルシャフト』再考　118／（2）個人と集合体　119／（3）「人格」と「社会的なもの」　122

■ デュルケーム的問題関心　124

第5章　個人「と」社会 …………………………………… 127

序　127

第1節　意識システムと社会システム　128

（1）行為者とシステム　128／（2）人格と意識システム　130／（3）人格と社会システム　133

📖 ナルシス的個人主義　129/ジョージ・H・ミード(G.H.Mead)の〔I/me〕理論　132/テンニースの「人格」概念　135

第2節　主体の"奸計"　136

(1)「主体」の発明　136/(2) 主体の人間学　139

📖「鏡に写った自己」　141

第3節　「閉じつつ開く」システム　142

(1) 意識システムの「閉じ」　142/(2) 意識システムの「開け」　145/(3) 個人と社会は「切れて」いる　146/(4) 分離と結合─個人と社会を「切り」つつ「結ぶ」─　149

📖 "行為"とコミュニケーション　144/意識システムのオートポイエシス　147/ジンメルと「社会」の概念　149

引用文献　151
あとがき　157

第1章 ディアボリックなもの

序

　本章では，個人的なものと社会的なものの関わりを，「ディアボリックなもの」と「シンボリックなもの」との対比によって捉え直し，社会学が抱いてきた"個人と社会の結びつき"について，その思考法を根本から問い直したい。

　キーワードとなるのは，「ディアボリックなもの」（分離と個別化を生む契機）と「シンボリックなもの」（結合と連帯を生む契機）という対概念である。
　近代社会はそのシンボリックな社会構想の優越によってリスクを"飼い慣らし"，また"愛好"してきたが，現代社会では，その近代的シンボリズム（結びつきによる説明）が綻びつつあり，「新しいリスク」の登場とともに，シンボリックに統合されないディアボリックな側面が顕著になりつつある。

　そこで，2011年3月の東日本大震災において顕わになったリス

第1章　ディアボリックなもの

ク社会の問題点を，新たな現代的テーマとして取り上げ，これを素材として，社会構成における〈シンボリックなものとディアボリックなもの〉という視点から，個人と社会の今日的関わりについて検討したい。

東日本大震災とそれに伴って発生した原発災害は，個人と社会が「切れて」いるという事実を捉え直し，新たな観点から整理して理解するための素材であり，同時に，今日における"個人と社会の分離"を再検討するための，応用問題でもある。

「3・11」（東日本大震災）で現れたディアボリックなものの開口部，とりわけ原発災害は，リスクと"危険"の新たな区別に我々を導かざるを得ない。それは，信頼を信頼するということから距離を取り，監視社会の機能的側面を直視することでもある。"きちんとした"リスク社会になるためには，このような，新たなディアボリックな側面から目を逸らすことはできない。

1995年1月の阪神・淡路大震災以降，社会学においても幾つかの新しいテーマが登場した。NPO，ボランティア，新たな公共性，等々である。これらはみな，リスクに対応できる新しい社会的ネットワークや合意形成を目指していたが，巨視的に見れば，「ポストモダン」「第二の近代」などと呼ばれる社会変動に対応した理論的・実践的対応であった。

別の角度から見れば，それらは近代的な社会構想（近代的シンボリズム）の綻びに対置すべく，新しいタイプのシンボリズムを形成しようとする営みであったとも言える。そこでは「信頼」「連帯」

「公共性」などが新たに問題化され，その可能性が模索された。しかしながら，その成果が十分に上がったとは言いがたい。

そのさなかに，東日本大震災の発生，とりわけ原発災害で顕わになったのは近代的シンボリズムの限界である。シンボリズムから出発することは，社会モデルとして限界があるのではないか。リスク社会と向きあうためには，シンボリズムではなく，ディアボリズムの直視という経路を経なければならない。

第1節　シンボリックなもの／ディアボリックなもの

(1) 分離する働き

「シンボリックなもの」という言葉は，社会学では比較的なじみのある用語である。一般には，"分離したものの結合"を可能にする契機という意味で用いられており，例えば20世紀なかばの社会学を主導したタルコット・パーソンズ（T. Parsons）は，貨幣を「象徴的に一般化された交換メディア」として規定していた。

ところで，このような意味でのシンボルはまた，分離する働きとも結びついている。早い時期にゲオルク・ジンメル（G. Simmel）が『貨幣の哲学』（1900年）などで指摘していたように，「貨幣経済は，一方では，その無限の柔軟性と分割可能性によって，あの多様な経済的依存性を可能にし，他方では，その無関心で客観的な本性によって，人間同士の関係から人格的要素を引き離すことを促進するの

第1章 ディアボリックなもの

である」(Simmel, 1900, S. 395)。

　ニクラス・ルーマン (N. Luhmann) は貨幣の持つこのような分離の働きを「ディアボリック」(die Diabolik：悪魔性) と名づけ，違いを作り出し分離する働き，調和と統合を崩し，秩序と安全を破る契機を「ディアボリックな」(diabolisch) ものと呼んでいる。
　「悪魔性は，何よりも，貨幣が他のシンボル，例えば隣人間の互酬性…などのシンボルと置き換えられ，それらを干からびさせる点にある」(Luhmann, 1988a, S. 242,)。

　貨幣論の文脈では，貨幣がこの側面を最も典型的に表すメディアとして取り上げられているが，このような働きをするメディアは貨幣だけではない。
　本章では，ジンメルからルーマンに引き継がれている〈結合は同時に分離でもある〉という視点に立ち，それを「シンボリックなもの」と「ディアボリックなもの」との対比として描く理論を援用しながら，現代社会をいかなる仕方で構想すべきなのかということについて検討したい。

　貨幣がそうであるように，我々が社会関係を取り結ぶ際に用いるメディアの多くは，結合と分離の両側面を備えた，シンボリックなものとディアボリックなものの統一体としてある。貨幣，権力，(科学的) 真理などは，そのような特性を備えたメディアとして独立し，近代社会において経済，政治，科学などの機能システムの自律を支えてきた「象徴的に一般化されたコミュニケーション・メデ

ィア」である。

このメディアは分離的側面を孕みつつも，結合に向けて行為者を動機づけるシンボリックな側面を際立たせる形で分化・自律し，近代的社会関係と秩序の形成を可能にしてきた。そしてこれに併走する形で，価値・規範・共同体・連帯などの概念がシンボリズムに向けて動員された。

社会学創成期のエミール・デュルケーム（É. Durkheim）が重要視した社会的「分業」もまたそのようにして動員された概念である。分業は，労働を分離すると同時に結合する働きとしてあるが，その結合機能に着目して社会を構想することで，デュルケームは社会学的理論構成の基本様式を提示したと言える。

(2) 近代的シンボリズムの終焉

このような観点に立つと，近代的シンボリズムが，公共性と親密性の捉え方にも大きく影響していたことが分かる。公共性と親密性のシンボリック・パラダイムは，それらの持つ結合的側面のみを強調することによって成り立っているからである。

そのシンボリックな機能の危機に着目した仕事の一つがユルゲン・ハバーマス（J. Habermas）の『公共性の構造転換』（1962/1990年）である。しかし，ここでの理論構成もまた，依然としてシンボリック・パラダイムに依拠しており，「大きな物語」のシンボリズムを修復しようとするものであった。

〔政治と経済〕のシステムにおいては，〔権力と貨幣〕という二つ

第1章　ディアボリックなもの

のメディアが有するディアボリックな力（人々を分離する力）が大きな影響力を持っている。ハバーマスの理論は，これを，コミュニケーションの持つ力（人々を結びつける？）のシンボリックな力でコントロールしようとする理論モデルである。

だがそこでは，コミュニケーションのディアボリックな機能（対立と了解不能）についてはあまり考慮されていない。それは"批判"という，より高次のシンボリックな発展と総合を内包した概念に置き換えられている*。

> ### *ディアボリズムとコンフリクト・モデル
>
> 本書で主張したいディアボリックなものに注目する理論は，いわゆるコンフリクト・モデル（闘争モデル）とは異なる。コンフリクト・モデルは，均衡・統合モデルに対抗して，闘争と葛藤，利害対立が社会の常態であると見る理論モデルである。
>
> 古典的にはホッブズやマルクスの思想を始めとして，社会学においても幾つかの理論タイプが知られているが，社会秩序の成立を，合意よりも強制や支配に求める理論である。
>
> 本章でディアボリズムとシンボリズムの対比として描くのは，そういう意味でのコンフリクト評価ではなく，また，批判を通してより高い総合に至るという立場でもない。重要なのは，結合が同時に分離であるという同時性の再認識であり，統合と闘争のどちらかに秩序形成の根拠を求めようとするものではない。

ハバーマスと同様の傾向は，アンソニー・ギデンズ（A. Giddens）に代表される親密性に関する議論においても，同じ形で踏襲されている。親密であることが，結びつける機能においてのみ評価されており，そこにあるディアボリックな側面の意味については，あまり検討されていない（この点については，第2章で詳しく述べる）。

第 1 節　シンボリックなもの／ディアボリックなもの

　現在，このような近代的シンボリズムに依拠した理論図式では説明し切れない新しい事態が生起しつつある。それは，ハバーマスが憂えたものとは別種の「構造転換」である。

　ハバーマスは公共性が，権力と貨幣のシステムに浸食されることに危機感を抱き，「コミュニケーション」の力による新たな合意の可能性，すなわち新たなシンボリズム（＝規範的統合と包摂）を目指したのであるが，その前提となるべき個人と社会との包摂関係は，根本的に崩れつつあるようである。

　古典的社会学以来のシンボリズムに共通する視線は，個人と社会を結びつけること，あるいは，社会によって個人を包摂しようとするものであった。ギデンズの言葉を用いるなら，前近代的社会から諸個人が「脱埋め込み化」（分離・独立）されて，第一の近代における最初の個人化が生じた。その脱埋め込み化された個人は，近代的諸集団（近代家族，職業集団，階級，国民国家 etc.）に「再埋め込み化」されて，個人が社会に包摂される。

　このようにして，「共有価値」を内在化させた個人が社会秩序に包摂されるという，パーソンズ理論に代表される理論構成がとられ，個人と社会の関係を説明する図式は《包摂・内在》型の理論モデルとなっていた。

　近代社会学には，理論構成におけるシンボリックなものの優位が存在する。シンボリックに統合された社会像の構築（近代的シンボリズム）がこれまでの社会学理論を主導してきたのであり，"共有

第1章 ディアボリックなもの

価値による統合と，それを内面化した主意主義的主体"というパーソンズの理論図式はその完成形態である。そのような，シンボリックに統合された社会理論は，近代社会の成熟とともに理論的攻撃に晒されるようになり，やがて1970年代以降は"ポストモダニズム"によって徹底的に批判された。

　シンボリックな社会理論構成においては，ディアボリックなものは病理や逸脱の範疇に"悪魔祓い"される。ミッシェル・フーコー（M. Foucault）の仕事は，悪魔祓いされたディアボリックなものの排除に着目した仕事としてよく知られているが，シンボリックなものとディアボリックなものの同時存在という「アンビヴァレンス（両面価値）は，シンボリックなものとしてであれ，ディアボリックなものとしてであれ，システムを一面的に描写するきっかけを与えるのである」(Luhmann, 1988a, S. 259)。

　そうであるがゆえに，社会理論はシンボリズムかディアボリズムかという，二者択一的観点に立ちがちであり，社会学はシンボリズムが主導する形で発展してきたと言える。

　その点から見るならば，近代社会は「リスク」（という概念，事象）を，社会をシンボリックに構想・構築する道具として，うまく用いてきたと言うことができる。そして「3・11」において，社会理論は，「新しいリスク」がもはや近代的シンボリズムには収まり切らなくなったのだという事実に，改めて気づかされるのである。

第2節　リスクとシンボリズム

(1) 近代とリスク

　リスク処理という面から見るならば，近代におけるシンボリックなものの優越は，〈リスクは結びつける〉という形で現れていた。この点は，むしろ近年になって遡及的にその論理が再確認されてきたことであるが，幾つかの例を挙げることができる。

　福祉国家の理念的基礎を再考したフランソワ・エヴァルド（F. Ewald）は，フーコー的視点を援用しながら主著『福祉国家』（1986年）において，近代の国民国家が「リスクのテクノロジー」である「保険」（assurance）とともにあったことを明らかにしている（Ewald, 1986）。

　また，クリストフ・ラウは，近年の「新しいリスク」（原発事故，残留農薬，核廃棄物，薬害，等々）と，近代産業社会に一般的であった「産業‐福祉国家的リスク」（失業，貧困，事故，疾病など）を区別したうえで，福祉国家のリスク処理が，社会保険制度によってリスクのコストを社会化し，被保険者の「連帯共同体」へと再配分しようとするものであったことを強調している（Lau, 1989）。

　更にもっと一般的観点から概観するならば，科学史家イアン・ハッキング（I. Hacking）が指摘したように，近代科学は，それまで"偶然"と見なされていたものを統計学的に予測可能なものに"飼い慣らした"のであり（Hacking, 1990），近代社会の発展はこのような「飼い慣らされたリスク」とともにあったと言うことができ

る。

　リスクはその危険性を"飼い慣らされ"，とりわけ社会保険制度によって，労働者・市民の間に社会的連帯を生むシンボリックな働きをした。近代国家における「産業‐福祉国家的リスク」は，リスクに対する連帯を呼び起こしたのであり，それを馴致することで，リスク回避・軽減のための「連帯は，我々をほとんど"リスク愛好家"にしていた」(Ewald, 1996, p. 411) と言える。

(2) 失効するシンボリズム

　連帯に向けて"愛好"されていたリスクに比して，現代の「リスク社会」では新しい事態が出来しつつあり，リスク社会のディアボリックな面が容赦なく顕わになっている。ウルリッヒ・ベック (U. Beck) の『危険社会』（原題『リスク社会』: 1986 年）以来一般化した「リスク社会」のポイントは「新しいリスク」にある。

　これまでの「産業‐福祉国家的リスク」とは異なり，「新しいリスク」は，科学的予測や因果連関の特定困難，被害の影響範囲と時間的変化の不確定性，リスクの帰責対象の決定困難などによって特徴づけられる。

　また，社会的側面から見るならば，「個人化」によってもたらされる制度的標準の喪失，国家行政による包摂と保障の困難，そこから生ずる「リスクの個人化」などが，生活全般の不確定性と不安定性を生んでいる。

　シンボリックなものから社会を見る近代的なリスクのシンボリズ

ムに替わって，リスク社会では，ディアボリックなものから社会を見る「ディアボリズム」に立たざるを得なくなる。今や，我々は"リスク恐怖症"となった（F・エヴァルド）。

リスクは社会を結びつけるのではなく，社会を分断する方向に作用しており，近代的タイプの連帯は変質し，喪失されつつある。そして我々はまだ，この状況が新たなシンボリックな結びつきとバランスを回復するプロセスを発見してはいない。

存在自体が危うくなった"連帯"は，かろうじて「不安による連帯」として成立している。ベックは，〈貧困による連帯〉から〈不安による連帯〉へという図式で，近代的連帯との違いを特徴づけているが，「不安による連帯」はしばしば「不安道徳」（N・ルーマン）として暴走する危険と裏腹であり，社会運動もその危ういバランスのうえで展開することになる。

恐らく当分の間は，「機能のコミュニケーションと不安のコミュニケーションの二本立てで生きてゆかねばならないだろう」（Luhmann, 1996, S. 63）。政治，経済，法，科学などの各機能システム固有のメディアを用いたコミュニケーションと，社会運動や抗議行動が発する不安のコミュニケーションとが併走せざるを得ない。

(3)「3・11」の「リスク」と「危険」

新しいリスクが持つディアボリックなものの開口部は，「3・11」における原発災害に，その典型を見ることができる。ここでは，「リスク」と「危険」の新たな区別が持つ重要性が顕著に現れている。

第1章　ディアボリックなもの

　具体的には情報隠蔽，情報格差，行政の不作為，専門家への不信などの形をとって現れた様々な不信や疑惑がある。それらは，単に「情報公開」「リスク・コミュニケーションの円滑化」などという処方で済ませることのできない，大きくかつ本質的な問題を孕んでいる。

　阪神・淡路大震災と東日本大震災を比較する際に，大都市直下型かどうか，火災か津波か，人口密集地かそうでないか等々の項目が挙げられるが，「フクシマ原発」がそれらとは異なる新しい要素であることは，皆が知っている。
　それ以外の要素が重要でないわけではないが，原発災害はそれらとはやや異質である。ここでは「フクシマ」を主に念頭に置いて話を進めたい。この新たに出来したかに見える災害は，阪神大震災以後も我々が十分に問題化してこなかった事柄の噴出であり，そもそもリスク社会の根幹に関わる問題点でもあったはずである。

　ベックの『危険社会』が広く読まれた理由の一つは，「チェルノブイリ」の年に出版された本であったということである。にもかかわらず，社会学的研究のほとんどは，原発の事故・災害に典型的に現れるリスク社会のディアボリックな側面にあまり注意を払わず，近代的シンボリズムの再建をもっぱら志向し続けてきた。

　この問題に対して，早い時期にヒントを与えていたのはルーマンである。『リスクの社会学』(1991年) はベックの『危険社会』の数年後に出版されたものであるが，直接に原発事故・災害を扱ったも

第2節　リスクとシンボリズム

のではないにもかかわらず，この種の大規模な社会的リスクを考える際に欠かすことのできない重要な論点を提示していた。「リスク」（Risiko; risk）と「危険」（Gefahr; danger）の，ルーマン的意味での明確な区別である。

　「リスク」は自らの選択によって被る将来的損害であり，「危険」は他者の選択により被る被害である。「ある出来事・判断は，それを決定する者にとってはリスクとなるが，その決定に関与することができない被影響者にとっては危険に他ならないものとなる」（Luhmann, 1991, S. 30f.）。

　「3・11」を特徴づける原発被害は，ほとんどこのタイプの「危険」に由来する。言うまでもなく，実際にはリスクと危険の境界は流動的であり，曖昧なことも多い。自らがどこまで"加害者"あるいは"被害者"であるかを決定することの難しい事例は沢山ある。
　ルーマン的意味でのリスクと危険の区別には，こういった批判が投げかけられる。筆者自身もそのように批判したことはあるが，「3・11」ではっきりしたのは，境界線が曖昧かつ流動的であることに"利用"されてはならないということである。

　とりわけ原発災害のような取り返しのつかない危険については，曖昧さを排除し，執拗に問い続ける姿勢が求められる。そうでなければ，この種の危険を回避する道は開けない。そのことを思い知らされたのが，「3・11」の「フクシマ」である。
　もはや，将来的損害を「リスク」という概念で総括し，コントロールと信頼によって「安全・安心」を担保できるという虚構からは

第1章 ディアボリックなもの

距離を取らざるを得ない。「リスク」であるためには,自らがそれを引き受けることができるための,情報や知識の獲得,決定プロセスの開示請求などが存在しなければならない。誰かを,どこかの機関を,"信頼"することや,行政主導の"参加"で済まされるべきものではない。

遅まきながら「安全」もまた近代の「大きな物語」の一つであったことに気づかされる。「信頼」によって作り出される「安心」を伴った「安全」という構図は,リスクと危険の区別に敏感であって初めて意味を持つ。その点に留意することなく,阪神大震災以後も,近代的シンボリズムは「安全・安心」社会というスローガンによる延命を図ってきた。

第3節　再帰的ディアボリズム

(1) 信頼のシンボリズム

目下,リスクのシンボリズムの中心に位置しているのは「信頼」だと言ってよかろう。『孤独なボウリング』(2000年) のロバート・D・パットナム (R. D. Putnam) は「社会的信頼」に言及し,信頼という概念の重要性を強調したし,ギデンズはもっと前から信頼を社会関係の要と捉えていた。

また,ブライアン・ウィンは,イギリスにおける放射能汚染を「科学者への信頼と不信」という観点から分析し,科学的知識への信頼は,それと関わる公衆の社会的態度やアイデンティティと相関し,変容するということを示している (Wynne, 1996)。

第3節　再帰的ディアボリズム

　近年の信頼論においては，ギデンズの言葉に典型的に現れているように，「能動的信頼（active trust）は新しい連帯形式の原点であり，親密な人格的絆に始まり，相互作用のグローバルなコンテクストにまで及ぶ」（Beck/Giddens/Lash, 1994, p. 186）という思想が一定の説得力を持っている。

　しかしギデンズやベックには，近代的主体主義の延命という，理論的な甘さがうかがえる。現代社会理論の碩学ジークムント・バウマン（Z. Bauman）はそれを"オプティミズム"と批判している。

　社会学説史的に見れば，信頼という概念はそれほど単純なものではない。ジンメルがその古典的業績において信頼をテーマ化した時には，「信頼」はもともと信頼できない可能性を含んだ概念として提示されていた。

　信頼は知と無知の中間として規定されている。「信頼は…仮説としての，人間についての知識と無知（Nichtwissen）との中間状態なのである。完全に知っている者は信頼する必要はないし，完全に全く知らないものは，当然のことであるが，信頼することなどできない」（Simmel, 1908, S. 393）。

　ルーマンも同様の趣旨で信頼を捉えているが，それでも「信頼はリスクの先行投資」として機能し，信頼がなければ叶わないような社会的可能性を開くと考えていた。その点はジンメルと同じである。しかしながら，リスク社会の拡大を眺めながら，次第に信頼に対する警戒心を高めていった。

　ギデンズのように「存在論的安心，基本的信頼，専門家システ

第1章 ディアボリックなもの

ム」に頼ることは,現代のリスク社会においては逆に危険ですらある。"専門家集団への信頼と合意形成によってリスクを回避・軽減できる"という考え方を維持するのは難しい。そういう近代タイプの《リスクのシンボリズム》は破綻しつつある。

今日,必要なのは《信頼の再帰的ディアボリズム》ではないか。信頼という概念の根本に立ち返り,信頼は信頼できない可能性とともにしかあり得ないことの再認識である。

それは,ディアボリックな契機を反省的に取り込むということであって,"信頼"を信頼するだけでは不十分であり,ルーマンが求めるように,「コントロールのあるところにはリスクがある」という認識を保持し続けることである。

近代的なシンボリズムにおいては,一般には,〈信頼／不信〉の二元図式はいつも信頼に優先権があるような仕方で構造化されてきた。それゆえ,信頼のほうが「心理的に容易な方法」であるが,その安易さは今や危険である。

信頼のシンボリズム(信頼を信頼すること)が優位を保つためには,20世紀社会学の代表とも言えるパーソンズが主張したような,〈共有価値の内面化を通して,個人主体による内からの統治(M・フーコー)によって維持される社会秩序〉が構想可能でなければならない。

だが,このタイプの社会は終焉しつつあるという認識が,現代社会学理論に広まりつつあり,しばしば「モダンとポストモダン」,あるいは「モダニティとポストモダニティ」といった仕方で整理さ

れる。信頼のディアボリズムについては、第3章で、より詳しく検討したい。

(2) ディアボリズムと監視社会

「近代」の変容（あるいは"終焉"）、近代における「社会的なもの」の変質といったテーマが、更に「リスク社会」と「個人化」という新しい問題状況に接続されるとき、「監視社会」が新たな意味を持ち始める。

ディアボリックなものが台頭する社会に貢献しているのは、皮肉にも「新しい」監視である。「この新しい方法は、主体あるいは具体的個人という概念を溶解させ、替わりに、危険因子の組み合わせを設定する」(Castel, 1991, p. 281)。そして危険が侵入するあらゆる可能な形式を予測し、あらかじめ排除するのである。

これは〈内面化された共有価値による秩序〉という図式が成り立たない時代に適合したテクノロジーであり、道徳と内面を迂回した秩序維持を志向している。パノプティコン*型の秩序形成によらない社会においては、「信念とか熟慮を経た行為よりも、行動のほうがはるかにモニターしやすい」(Lyon, 2001, p. 18) からである。

「監視」は一つの例だが、境界線引き直しの時代には、ディアボリックな反省や技術が優位に立たざるを得ない。ただしそれは、これまでとは別種の監視でなければならない。

パノプティコン（一望監視）、シノプティコン（多数が少数を監視）、対抗監視（監視される側が監視者を監視）とは違って、《市民と消費者》が"管理者を監視する"タイプの監視が浸透せねばならな

いであろう。

> ### ＊パノプティコンと"中心"のある社会
>
> フーコーの『監獄の誕生』（1975年）で分析された「規律訓練型」の権力は、「パノプティコン」（panopticon：一望監視施設＝中心から全体を見渡し監視するという構造を備えた施設）と呼ばれる監視施設において、人間の内面を作り上げることを目的としていた。
>
> 典型的には、中央の監視塔の周りに、それを取り囲む形で配置された監獄がそれを表している。このタイプの監視施設の背景にあるのは、絶えざる監視と規律・訓練によって"人間を作る"という思想である。
>
> したがって、近代的な個人（自律的主体）は決して自分ひとりで主体になったのではなく、パノプティコンに代表される規律と監視の構造を内面化することによって、自主的に規範に従属することで主体として完成したというのが、フーコーの主張であった。
>
> このパノプティコンの構造は、学校・監獄・軍隊を始めとした、様々な近代的組織を貫く秩序原理であり、また、国民国家の頂点にある政府から、地域社会・会社・学校・家族などに至るピラミッド状の社会構造を規定していた構成原理である。
>
> 更に、この原理は、実は個人のアイデンティティとも同じ構造をしている。自分の中に自己の中核（アイデンティティ）が存在し、それが様々な「何々としての自分」をコントロールする。そのような、一望監視施設を自分自身の中に持つ人間が、自己コントロールができて社会規範に従順であるような、自律的個人主体となり得た。

監視は多くの副作用をもたらすが、我々は監視社会の機能的側面からも目を逸らすことはできない――もちろん、透明性への欲望が過剰な管理を生むこと（ディアボリズムの支配）には、警戒せねばならないが。

もはや，丸ごとの人格や組織を全体として信頼するという形式を維持することはできないが，しかし逆に，丸ごとの人格や組織に不信感を抱く必要もない。リスク社会の現在，我々は，ある人格や組織体，システムの全体を信頼できるものに仕上げようとする《シンボリズムの欲望》と，ディアボリズムの監視社会的変種である《透明性への欲望》との狭間にいる。

(3) ディアボリックなものの自覚

　リスクに対応して，信頼と連帯を新しく作り出そうとする試みは，ディアボリックなものの自覚なしには危ういものとなる。リスク社会を，人々の結合と，個人と社会の結びつきのみを志向する社会モデルで説明することは困難であろう。個人化するリスク社会において，我々は善くも悪しくも分離されており，それを踏まえて初めて，新しい形での個人と社会のあり方が構想されるはずである。

　しかしながら，まだ，分離されることが結合の条件であるという事実を，きちんと理論的・実践的に認識するには至っていない。多くの場合，まず結合があって（あるべきであって），分離は逸脱あるいは病理であるとされている。それゆえ，ここには社会認識の大きな転換が求められている。「絆」や「つながり」といったシンボリックな用語で繋ごうとすることは危険である。

　ディアボリックなものの再認識を通じて，現代社会に生じている新たな分離の様式が，これまでの近代的シンボリズムとは異なった形での新種の（もしそう言ってよければ）"新たな結合"（接続）を生み出してゆくことに繋がるのではないか。

第1章　ディアボリックなもの

　現代の社会は，これまでの社会学が志向してきたような《包摂・内在》型（社会が個人を包摂し，共有価値が個人に内在化される）の社会理論構成から，《分離・接続》型（相互に分離した個人と社会は，そのつどの必要に応じて，特定タイプのコミュニケーションによって接続される）の理論構成に移行すべきであるように思われる。

　現代人はもはや，デュルケームが構想したような「一つの社会」（道徳的共同体）に住んでいないのかもしれない。そのことは，「格差」や「二極分化」などの新たな社会問題を生んでいるが，リスク論的に見れば，「一つの社会」に住んでいないことの"自覚"は，それほど悲観すべきことではないように思われる。

　危険とリスクが自覚的に区別されていない社会は，未だ言葉の正しい意味での「リスク社会」にはなっていない。「危険」は再帰的ディアボリズムを経たうえでリスク（選択可能性）に変換されねばならない*。

　ルーマン的システム論の観点に立てば，今のところ，リスク処理のために分化し自律した特別のシステムは確立していない。〈信頼／不信〉〈リスク／危険〉などの二元図式は，リスク処理のための普遍的コードとして機能しているわけではない。どのような場合に信頼し，どのような場合は信頼しないかを定めるプログラムも確立していない。

　このことが自覚されぬまま，現に進行しているのは，「災害資本主義」（「恐怖と混乱は，有望なチャンスを提供する」）が企む「ショック・ドクトリン」に利用される（Klein, 2007）という事態である。

それは避けなければならない。

> **＊選択可能性としてのリスク**
>
> 「危険」は「リスク」（選択可能性：自らの選択による将来的損害）に変換されねばならない。ルーマンに従えば、「シンボリックに一般化された」貨幣や権力、真理などのメディアは、本来、危険をリスクに変換する働きを担ったものとしてある。
>
> 経済システムにおいては、特定の物ではなく貨幣の形で、「選択性の増大」（何にでも支出できる）として財が保持されることで、経済的損害は経済主体自らが担うリスクに変換され自由度が高まる。もちろん失敗はある（それがリスクである）。
>
> 科学的真理の問題に関連づけるならば、真理というメディアは、学問的探究への刺激として機能することで、常識や政治・経済的、あるいは倫理・宗教的ドグマに侵食されて誤謬を犯す危険を、科学的論争や仮説検証というリスクに変換している——検証に失敗すること（リスク）はある。
>
> 「フクシマ」においては、機能システムとしての科学システムそれ自体の問題とは別に、科学システムが他のシステム（貨幣、権力）に侵食されることや、科学システムにおける真偽確定の困難を、科学者集団への一般的「信頼」の問題に還元してしまうこと（真理問題の社会的次元への置き換え）、あるいは科学システムの組織としてのあり方などにも問題があると言えるだろう。
>
> そのようにして引き起こされる災害を、天災でも人災でもない「構造災」（松本, 2012）という表現でまとめることも可能だろう。

第4節　分離されること

「3・11」を題材としてディアボリックなものの働きを検討してきたが、現代社会において、このようなディアボリックな側面の台頭

第1章 ディアボリックなもの

は,多くの場面で見受けられるものとなっている。「リスク社会」という状況規定はそれを最も簡単に表現したものであるが,以下では,個人が社会生活を営むうえで避けて通ることのできない契機として,より一般的にディアボリックなものの働きをまとめておきたい。

近年は,ギデンズ以来の親密性論の影響や,あるいは,公共性という概念が維持困難になってきたことに伴って,「公共圏と親密圏」を対照的に論ずる傾向が一般化しつつある。公共圏と親密圏を対句として用いることには慎重であらねばならないが＊,ここでは,一般的論調に沿って,この対句を使用しておく。

＊公共圏と親密圏

公共圏と親密圏という用語は,厳密性には欠けるが,実際上,一般的用語として諸学問領域においても流通している概念であるから,本書でも暫定的に用いておきたい。しかし,断り書きは必要である。

そもそも対概念あるいは反対概念として形成されたのではない〈公共圏と親密圏〉という二つの概念を,「と」で結ぼうとすることに伴う困難がある。「パブリック」(公的) の反対概念は「プライベイト」(私的) であるが,プライベイトな領域に求められるものが私的関心や所有ではなく,むしろ心的な親密さのようなものに大きく変化しつつあるということが,〈公共 - 親密〉という概念の対照性を一般化させている。

公共「圏」という言葉は,厳密な意味と一般的で曖昧な意味との二つの側面を持っている。一般的には,個人の主観性から独立したコミュニケーションの場として,「社会的なもの」の一般性や普遍性が実

第 4 節　分離されること

現される場として捉えられることが多い。
　一方,厳密にこの語を使用する場合には,ハバーマスの『公共性の構造転換』などに依拠しつつ,「市民的」あるいは「新しい」意味での公益性と公開性が実現される,特別の社会領域として捉える立場もある。
　更には,単なる空間的領域ではなく,もっと厳密に,抽象的な「公共性」(Öffentlichkeit) というドイツ語のもともとの意味にこだわりつつ,公共「性」とは何かを問うことも多い。この場合には,社会の成員である市民に対して,社会(国家・行政・世論など)の正当性を担保する概念として,公共性という抽象的概念が用いられる。

　それに対して,親密圏は,個人の主観性に大きく依存した圏域である。心情的結合に依存する家族や恋人・友人など,親密な感情を共有しあう他者との相互作用の場として理解されている。
　公共圏と親密圏は異なった種類のコミュニケーション空間であり,(明確な境界線を引くことは難しいにしても) どちらもそれぞれに独自のコミュニケーション空間として代替不能性を有している。ルーマンならば,これをそれぞれの圏域システム独自の「閉じ」と表現するかもしれない。

　個人の主観性に大きく依拠し,心情的結合に依存する家族・恋人・友人などの親密圏について言えば,人格の全体を帰属させる社会領域を見出すことが難しい今日,親密圏は人格全体を受け入れる唯一の領域となりつつある。
　だが親密であることは難しい。フェルディナント・テンニース (F. Tönnies) は『ゲマインシャフトとゲゼルシャフト』(1887 年) において,ゲマインシャフト (共同社会) とゲゼルシャフト (利益社会) の対比によって,19 世紀末の社会を描き出そうとした。しかし彼のゲマインシャフト規定 ("あらゆる分離にもかかわらず結合し

第1章　ディアボリックなもの

ている"）とは反対に，現代の親密圏では，"あらゆる結合にもかかわらず分離している"という，ディアボリックな契機が問題化している。

親密圏は，親密でありつづけようとすることが可能な地平にすぎず，実際には，恒常的にディアボリックなものの作用に晒されていて，これをどう処理するかが，親密圏の今後を占う要となっていると言えよう。

親密圏以外の，ゲゼルシャフト的社会関係である公共圏（と一般に言い習わされている曖昧な領域）においては，これもまたテンニースのゲゼルシャフト規定（"あらゆる結合にもかかわらず分離している"）とは反対に，個人化した諸主体や，相互に分離した諸集団・諸システムは，それぞれに分離し，またシステム分化しているにもかかわらず，特定コミュニケーション・メディアを通じて緊密に接続しあい，ネットワークを形成している。

この圏域では，経済の論理，政治の論理，科学の論理などがそれぞれに自律し，一見したところでは人間性を欠いたシステムの論理が独り歩きしているように見えるが，実は，"あらゆる分離にもかかわらず結合（接続）する"ことによって，社会全体としての"働き"は効率を高めている——それが依然として不完全なものであり，多くの問題を孕んでいるとしても。

諸システムは分化したがゆえに，ますます緊密なコミュニケーションと連携を求め，諸個人は，個人化しナルシシスティックであるがゆえにますます（それにふさわしい形での）他者とのコミュニケー

ションを求めている。"共有"されるべき価値・規範は不在であり，社会全体を包摂する「大きな物語」を見出すことは困難であるが，社会は各システムのネットワークとしてそのパフォーマンスを高め，固有のメディアによって接続しあっている。

そこには全体の理念や価値はないが，ないからこそネットワーク化が可能だとも言える。

このような社会では，恐らくルーマンが言うように「道徳による統合は断念せざるを得ない」のであろうが，だからと言って，社会がバラバラになってしまうなどと決めつけるのは早計である。

ジンメルやルーマンが指摘してきたポイントを踏まえるなら，"分離されることが結合の条件である"という認識が重要である。ポスト近代の社会学も，まだ，分離されることが結合の条件であるという事実をきちんと認識するには至っていない。

ディアボリックなものの再認識は，現代社会に生じている新たな分離の様式が，これまでの近代的シンボリズムとは異なった形での新種の"結びつき"（単に"接続"と表現するほうが明晰であるが）を生み出してゆくことに繋がるのではないだろうか。まずは，近代的シンボリズムの終焉と，現代的なディアボリズムの徴候を正しく捉えることが必要であろう。

以下の二つの章では，親密圏，公共圏それぞれにおけるディアボリックな契機について，第2章では「愛」をテーマとして，第3章では「信頼」をテーマとして論じたい。

親密性のパラドクス

第2章

序

　個人と社会を「切り」つつ「結ぶ」契機として，我々はまず「愛」というメディアについて検討しておかねばならない。一般的に，愛は人と人を結びつける最も大切な絆だと考えられており，実際にその働きをしている。しかし，第1章でも見たように，現代社会に顕著に見られる親密圏のディアボリズムには，「愛」が深く関わっている。

　人間同士の直接的な結びつきを表す愛として，様々な形でのパートナーとの間に生まれる親密な関係性がある。本章では，個人と社会を結びつける契機として，このタイプの愛（親密性のメディア）を取り上げる。

　前章ですでに述べたように，分離と個別化を生む契機であるディアボリックなものの働きは，貨幣に典型的に見られ，それは早くから社会学でも認識されていた。この働きは貨幣以外の「象徴的に一

第2章　親密性のパラドクス

般化されたコミュニケーション・メディア」にも見られる。

「愛」というメディアもそうである。愛もまた，一方ではシンボリックな（象徴的）動機づけを含み，誰にでも使用可能なように一般化された，他のメディアでは代替できない，独特のコミュニケーション・メディアであるが，同時にそれはディアボリックなメディアでもある。

第1節　特異なコミュニケーション

本章ではまず，「親密圏」のディアボリズムをテーマとし*，そこで機能する「愛」というメディアの持つ意味に注目し，続く第3章では，「公共圏」のディアボリズムを論ずるための素材として「信頼」を取り上げたいと思う。

ギデンズも指摘しているが，現代人にとって，親密な関係性としての愛は独特の意味を持ちつつある。しかし，親密圏における愛の働きは興味深く，とりわけ現代社会では，ディアボリックなものとシンボリックなものの両面性が分かりやすい形で現れている。

地位でも身分でも財産でもなく，ただ「愛」という，捉えどころのないものによってのみ可能となる強い結びつきは，我々が日常的に取り結ぶ様々な社会関係の中でも，特段に異彩を放つ奇妙なコミュニケーションである。

人間の歴史のある時点から，人々が貨幣によって物を購入することを当たり前のコミュニケーションと見なすようになったのと同様

第1節　特異なコミュニケーション

> **＊親密性と家族**
>
> 本章では、親密性のメディアとしての愛について検討するが、「親密圏」のメディアではなく、「親密性」のメディアとする理由は、恋人・夫婦・親しい友人などの親密な相互作用と、「家族」という集団とをひとまず区別しておくためである。
>
> 親密性のメディアである愛は、家族にも適用可能ではあるが、家族という社会集団は、愛以外の様々な血縁的・物質的・社会的要素によって結びついている場合も多く、愛が第一義的に重要な紐帯となっているとは限らないからである。
>
> ギデンズやベックの議論にもうかがえることであるが、「親密圏」というものの単位は、家族という"集団"よりも、それを構成する夫婦やその他のメンバー、あるいは恋愛関係における、当事者間の個別的な心情的相互作用に重点を移しつつあるように思われる。
>
> それゆえ、(章末では家族の問題にもこの視点を拡大するが) さしあたり、以下の論述では、様々な形でのパートナー間に生まれる、親密な個人同士の相互作用を念頭において話を進めてゆく。

に、親密な二人の恋人・夫婦関係を「愛」という言葉・観念でイメージすることが一般化したのは、ある時期からである。

この特異なコミュニケーションの形がいつからどのように形成され、どのような構造を有しているかを明らかにしているのが、ルーマンによる『情熱としての愛』(*Liebe als Passion*：1982 年) という著作である。

ルーマンは新しいタイプの社会学的システム理論を開拓した人物として知られており、多くの著作があるが、恋愛研究は彼の仕事のごく一部にすぎず、したがって、社会学的研究においてもこの著作

第2章　親密性のパラドクス

に言及されることは少ない。

　恐らく，すでに知られている社会史や恋愛研究の成果と，ルーマン独自のシステム理論が並存しているところが分かりにくく，恋愛研究としてはあまりに堅く，システム理論としてはやや事例が特殊すぎるということが，この著作に対する言及の少なさを招いているのであろう。ただ，ルーマン自身はこの本を自著の中でも重要視していたようである。

第2節　"ロマンチック・ラブ"という理想

　近代人の恋愛は当人達の愛情によって（それのみによって）結びつくことを理想とする「ロマンチック・ラブ」が理想型とされてきた。この点については，その成立過程についての多くの社会史的研究がある。

　ロマンチック・ラブによる"恋愛結婚イデオロギー"成立の背景に，近代化による個人主義的世界観の広がりがあったことは言うまでもないだろう。近代化と産業社会化による市民階級の形成によって，個人単位の労働と，個人による人生の選択が求められ，諸個人からなる小家族が形成されて，これが労働再生産の家族的単位となり，個人労働を支えるという構造ができ上がった。

　ここでは，個人は自らの人生設計に合わせて，職業，居住地そして配偶者を選ばねばならなくなる。封建的要素の残存程度によって，国，地方による歴史的・文化的背景の違いや，職業集団ごとに異なったグラデーションはあるが，結婚とそれに結びつく恋愛は，

個人が自らの意志によって選ぶものとなる。

　そのように考えるならば，恋愛結婚イデオロギーの成立が，単なる自由恋愛の拡大でなかったことは明らかである。それは社会の要請であり，産業社会の構造が諸個人に求めた，秩序側の要請でもあった。

　恋愛の推奨と恋愛結婚イデオロギーの成立に，我々はフーコーが指摘するような意味での社会の奸計をうかがうこともできるだろう。
　近代社会の「生‐権力」（国民を生かそうとする権力）は，産業発展のために，また，富国強兵の基盤として，労働者・市民の健康と再生産を求める。そのためには，性をコントロールして，性（あるいは生）を無駄にしない，すなわち，労働者とそれを支える核家族の再生産が効率的に行われるように，性を制度に組み込んでゆくことが重要になる。
　人口維持を目指して身体と人口を管理の対象とする生‐権力は，好んでその中間にある性への介入を行うのであり，国民もまたそれとは知らずに性への関心を強め，規制と抑圧の対象であるにもかかわらず，まさにそれゆえに関心の対象であらざるを得ないような形で，性の文化に取り込まれてゆく。

第3節　ポスト近代と親密性

　やや前置きが長くなったが，以上のようなロマンチック・ラブの

第2章 親密性のパラドクス

成立史を踏まえて，その現代的意味と現実に目を向け，「親密性の変容」（A・ギデンズ）として捉えられる事態を，改めて「愛」というメディアの特殊性から再考してみたい。

上述の西欧モデルがそのまま日本に当てはまるわけではないにしても，少なくとも「恋愛結婚イデオロギー」の成立とその後については，（程度と時期に差はあっても）概ね同様のプロセスを辿ったと見てよいだろう。親密性の「変容」についても，同じような変化が生じている。

「親密性の変容」はギデンズによる著書の書名でもある（Giddens, 1992）。男女の恋愛と結婚に見られる親密な人間関係の基礎となる「親密性」（intimacy）が，現代の「第二の近代」「後期近代」などと呼ばれる時代的状況においては，独特の変容を迫られているという主張である。

同様の指摘は多くの社会学的文献に登場するが，『危険社会』のベックもまた「個人化」する現代社会の重要テーマとして，恋愛と結婚について論じている。もちろん，ルーマンにおいてもそのような現代的変化を念頭に置いて議論が構成されており，親密な関係と個人化はキーワードとなっているが，そこから導出される結論は，ギデンズやベックなどの他の同時代の社会学者とは相当に異なったものとなっている。それこそが本章の中心的テーマであるが，まずは，簡単に「親密性の変容」という事態の概略を押さえておこう。

一般に「親密性の変容」というテーマで論じられているのは，現

第3節　ポスト近代と親密性

代人はこれまでの時代とは違った形で，自ら相当の努力を払って新しい人間関係を獲得せねばならないという議論であり，その際にポイントとなるのは以下の諸点である。

近年では，核家族における夫婦の性的役割分業と，（やや古い日本的表現をするなら）「標準家族」を想定した社会制度一般がうまく機能しなくなっており，これは，女性の自立・高学歴化，男女双方にとっての労働市場における雇用の一般的形態の変化，ならびにそれと連動した様々な社会保障制度の抜本的見直し等々と連動している。

このような情勢下にあって，個人はこれまでの時代よりもいっそう自覚的に自分自身の選択に責任を負わねばならず，そうであるがゆえに，ますます，親密な人間関係に随伴する諸問題は，個人の手に委ねられることになる。

同時に，社会の機能分化と政治・経済システムの効率的確立によって，個人は人間らしい感情や自己実現の場を，ますます親密な人間関係に求めざるを得なくなり，親密な関係に対する要求は高まりつつある。

ギデンズ＝ベックらの議論では，それゆえに，個々人が失恋・離婚などの様々なリスクと向きあい，そのつど自己を流動的情勢に適応させる努力が求められる。今や人々は，親密な人間関係を確立することの困難と課題を引き受けねばならないのである。

ここには，近代的な家族観や性的役割分業，仕事や家庭の長期的安定という思い込みから自由になり，様々な形での親密な関係を容

認したうえでの，自己管理とコーディネイトが必要となる。もはや，誰も「恋人」や「夫婦」の上にアグラをかくことはできず，それが壊れやすく，いつも細心の注意を払って，そのつど維持され更新され続けられねばならぬものであることに目覚めなければならないと言う。

　現代人にとって，個人化された人生を歩むことは新しい社会的要請となっており，ベックは「個人化は一つの強制である」とまで言っている。それゆえ我々は，現実の男女の力関係や家族への社会的要請によって「権力によって歪曲されたロマンチック・ラブ」を超えて，新しい形での「純粋な関係性」を志向せねばならないことになる（Giddens, 1992, p. 62）。

　ルーマンも大筋で同様の見地に立っており，一方におけるインパーソナルで制度的な社会関係の増大と，他方でのパーソナルな情緒的関係の深化という，二つの側面を強化してきた近代社会は，今や新しい位相に入りつつあるという時代診断をしている（Luhmann, 1982, S. 13：以下，［Luhmann, 1982］を LP. と略記する）。

第4節　親密さのコード

　『情熱としての愛』という情熱的な題名の著書でルーマンがしようとしたことは，「愛を感情としてではなく，シンボル的コードとして扱う」という，醒めた仕事である。この言葉の社会学的含意と現代的意義について検討したい。

第4節　親密さのコード

　ただしそれは，愛に価値がないということではないし，愛が中身の希薄なラベルにすぎないということを主張したいわけでもない。貨幣や真理と同様に，愛という言葉や概念それ自体は一つのメディアにすぎないかもしれないが，それが人と人を結びつけ，社会関係を可能にしている側面を分析したいというのが本旨である。

　同時に，そのような「結び」つけの契機は，不断の「切る」契機を孕んでおり，むしろディアボリックな「切る」契機とともにしか「結び」つける契機は作用しないということ，その点を再認識することを目指している。

　本章では，親密な関係性の中にあるディアボリックな契機とシンボリックな契機を最もうまく分析した研究として，ルーマンの『情熱としての愛』を取り上げる。そして，そこで提示された論点を導きの糸としながら，愛というメディアのディアボリックな側面を明らかにし，現代社会における個人と社会の関係性を再考するため手掛かりとしたい。

(1)『情熱としての愛』

　この本は，中世の「宮廷的恋愛」から「情熱的愛」という形態を経て「ロマンチック・ラブ」という形をとるに至った，近代的な愛についてまとめられた考察であり，ルーマンはそれを愛の「ゼマンティック」(Semantik：意味づけの図式)についての知識社会学的検討（知の社会学）として提示している*。

　「宮廷的恋愛」「情熱的愛」「ロマンチック・ラブ」はそれぞれの

45

第2章 親密性のパラドクス

> ### 📖 ＊「愛」の社会史
>
> 　西欧社会では，歴史的には，身分・財産・制度的枠組みによる伝統的な婚姻関係から，まず「宮廷的恋愛」が発生する。およそ12世紀頃からの「貴婦人の理想化」やトルバドゥール（宮廷詩人）に見られる現象である。
>
> 　これがやがて「情熱的愛」に変わるのが，17世紀後半からである。ルーマンによれば，ここから「愛のコード化」が始まる。
>
> 　"自由に愛すること"が「愛」の自律化として導入され，家族制度や宗教に縛られない愛が，パッションとして能動化され，時には狂気にも転ずる，情熱としての「愛のコミュニケーション」が成立する。そして，やがて19世紀に至って「ロマンチック・ラブ」が成立した──言うまでもないことであるが，近代化によって「ロマンチック・ラブ」体制が成立するまでの歴史的プロセスは，世界の地域と文化ごとに，それぞれに異なっている。

時代ごとの愛についての独特の意味づけであるが，その変遷を辿りながら，ルーマンが同時に遂行しようとするのは，もう一つの，社会学的にはより重要な課題である。

『情熱としての愛』というあまり社会学的とは言えないテーマは，実は，個人と社会がいかにして両立可能なのかを問うものであり，前述のギデンズ＝ベック的「親密性の変容」に引きつけて言い換えるなら，インパーソナルな社会関係が進展してゆく社会において，諸個人のパーソナルな親密圏は，何を契機として形成されるのかという問いである。

　近代人はなぜ「愛」に代表されるような親密な関係性を強く求めるのか。そして，なぜその傾向はますます重要性を増しているの

第4節　親密さのコード

か。また,そもそも「親密」であるとはどういうことなのか。人は何をもって親密さの証しとするのか。親密な関係においては,他の何にもまして愛そのものが重要であるのは何ゆえか。ギデンズやベックは,この問いに通り一遍の回答しか与えていない。

　これに独自のシステム理論的視点から応えようとするのが『情熱としての愛』であり,同時にそれは,諸個人の「個人化」というものが,愛という親密な関係性とどのように両立するのかを明らかにするものである。
　より根本的には,個人と社会の関係はいかにして可能となっているかを,「愛」というメディアあるいはそのコード化を通して明らかにしようとするものである。

　したがって,この著作は恋愛研究の体裁をとりながら,実は,現代社会がいかにして社会関係を形成・維持しているのかを,「愛」という側面から明らかにしようとするものである。
　『社会の経済』『社会の法』などのルーマンの他の著作が,「貨幣」や「法」によって社会システムがどのように再生産されているかを示していたのと同じように,それらのインパーソナルな機能システムの対極にある,個人間のパーソナルで親密な関係が,「愛」というメディアによってどのように可能となっているかを解明しようとしたものである。

　『情熱としての愛』は,「愛」を貨幣や権力,真理などと同様のメディアとして捉える点で,他のどの親密性論にもない新たな観点を

第 2 章　親密性のパラドクス

提供している。その場合，主に想定されているのは，恋愛や夫婦関係にある親密な相互作用である。近代社会において，このような親密な関係性を形成するための特殊なメディア＝「愛」が分出したことに，ルーマンは意義を見出している。

(2) 愛のコード

ここで，「コード」と「メディア」という用語について確認しておかねばならない。ルーマンの他の著作ではこの言葉は厳密に定義したうえで用いられているが，『情熱としての愛』での用法はそれほど厳格ではなく，読む側は少々混乱する。そこで，ルーマンの意図を損なわない範囲で若干の整理をしておきたい。

コードとメディアの用法は「真理」を例として理解するのが分かりやすい。科学（学問）のシステムは真理をメディア（媒体）として動くコミュニケーションである。ある命題が真であるか偽であるかを確認することが，科学システムの課題であり存在意義である。

その際，真理というメディアは「真か？偽か？」という二元化されたコードによって構成されている。したがって，科学システムは，「真／偽」というコードに基づいて，真偽を判定するコミュニケーションのシステムだということになる——その手続きとして，実験や論証のプロセスがある。

ここで，「真」の側が追究され続けるためには，「真理」を探究するということが積極的意味づけを伴っていると便利である。それゆえ，科学システムにおいては真理が象徴的な意味を伴って真理の追

第4節　親密さのコード

究を動機づけ，システムが作動しやすくなっている。このようなメディアが「象徴的に一般化されたコミュニケーション・メディア」と呼ばれる。

ルーマンにおいては，象徴的に一般化されたコミュニケーション・メディアには，「真理」以外に「貨幣」や「権力」などがあり，経済システムにおいては貨幣に，政治システムにおいては権力の追求に向けて参加者が動機づけられる。

愛の研究でルーマンが明らかにしたいのは，「愛」は二元的にコード化され，象徴的に一般化されたコミュニケーション・メディアであり，これが独特な仕方で親密な人間関係の成立を可能にしているという事実である。

このメディアは，コミュニケーションにおける受容と拒否の不確実性の高まりを，受容に向けて動機づける働きをしている。コミュニケーション主体の自由意志に基礎を置くコミュニケーションの複雑さと期待はずれを，コミュニケーションを成功させる方向に動機づけるものとして，貨幣や権力，真理，愛などの象徴的に一般化されたコミュニケーション・メディアが発達してきた。

『情熱としての愛』では（色々な言い方がされているが）愛は「シンボル的コード」「親密な関係のコード化」などと呼ばれており，愛の二元コードが何なのかは，必ずしも明確ではなく，分かりにくい。

『情熱としての愛』では，愛の二元コードが貨幣や真理のような明確さで記述されてはいないが，別の著作では愛の二元コードを

〈愛されている／愛されていない〉（geliebt/nicht geliebt）と明記している（Luhmann, 1990, S. 26 など）。そこで，この表現を用いて，「愛されている／愛されていない」を二元コードとする象徴的に一般化されたコミュニケーション・メディアとして「愛」を理解し，そこから『情熱としての愛』を改めて検討したい。

第5節　愛というメディア

近代の社会は，それまでの身分的に秩序づけられた世界から，個々人が自分の人生を選択・設計できる社会として現れた。近代化とともに個人の意識，個人の世界というものが成立したのであるが，同時に，他者とのコミュニケーションにおいては，それまでの身分社会では顕在化しなかったある種の困難がつきまとい，それを解消するためのメカニズムが要請されるようになった。

(1) 二重の不確定性

前近代社会において，身分や生得的地位によって諸個人の位置づけが明瞭である場合には，相互理解の不確定性は抑えられている。身分・慣習・儀礼などの安定化装置によって，人と人のコミュニケーションの不確定性は吸収されている。愛に当てはめるなら，身分社会の結婚は，個人の自由意志や情熱に振り回されることのない"制度"としてあった。

近代社会は，身分制度の崩壊と，自由な「個人」の誕生，様々な種類の社会的関係の拡大によって，そのつどのコミュニケーション

第 5 節　愛というメディア

において相手の同意を調達し，相互関係を維持してゆくシステムを必要とするようになった。

　コミュニケーションする双方の社会的な関係が不確かになることで，身分や出自，あるいは宮廷愛的理想化や奉仕に替わって頼りにすることのできる，特別のゼマンティク（意味づけの図式）の発展が刺激されることになる（LP., S. 60）。

　社会学において一般に「ダブル・コンティンジェンシー」（二重の不確定性：double contingency）として知られているコミュニケーション上の困難がある。簡単に言うならば，コミュニケーションする二人の人間は，相互に相手の出方を予測して行為せねばならぬということである。私から見て相手がどう出るかは不確定（contingent）であり，同時に，相手から見ても私の出方は不確定である。

　このような不確定性を解消する手段の一つは，一定の事前了解や共通の価値規範が内面化されていると想定することである。それを前提とすることで，我々はコミュニケーションを開始し継続することが可能になる——これが 20 世紀社会学の代表的理論家であるパーソンズの解答であった。しかしルーマンと共に，我々はこの解決策には満足できない。

　愛に適用するならば，二人の人間同士の親密な関係は，あらかじめ愛があることの事前了解や共通の愛の世界を事前に共有しているから成り立つのではなく，実際には，愛が不確かで，その愛を確かめようとすることの連鎖によって維持されていると言うべきである。

第 2 章　親密性のパラドクス

どこかで永遠の愛が共有される手続き的儀礼があり，それ以降は疑いを挟む余地のない愛が無条件に続くというわけではない——ロマンチック・ラブの終着点として想定された恋愛結婚においては，（伝統社会の儀式とは異なり，当人たちにとって重要な）「結婚式」という通過儀礼がこのラインを形成することになっている。

(2) 愛のみによって愛を支える

ルーマンは，「宮廷的恋愛」に続いて 17 世紀には「情熱的愛」が成立したと見ているが，「情熱的愛」は，身分や家族制度，宗教に縛られずに，まさに愛するということそのものに価値を置いた，愛それ自体を志向する関係性であった。

この愛を基礎づけるのは，身分でも地位でも財産でも性でもない。愛があるという，その事実もしくは想定だけである。情熱的愛の成立についての社会史的裏づけや文献的実証は『情熱としての愛』に譲り，今は先を急ぎたい。

愛は権力でも貨幣でも真理でも性でもなく，愛するということ以外に基礎づけを持たないものとなる。愛をお金で買うことも，権力でねじ伏せることもできない。性に還元することもできない*。

ロマンチック・ラブはこの傾向をいっそう純化させて愛の価値を高めたが，その出発点は情熱的愛を起点とする，愛するということそのものの価値である。つまり，愛そのものの抽象的価値が初めて認められたのである。

その後のロマンチック・ラブにおいても，また，現代人の一般的

第5節　愛というメディア

> **＊愛とセクシャリティ**
>
> 　愛におけるセクシャルなものの位置を，ルーマンは「共生メカニズム」という用語で表現している。
> 　人間同士のコミュニケーションは，個人の身体的要素と関わりを持っている。例えば，経済の場合には欲求充足，政治の場合には物理的暴力，科学の場合には知覚（見て確かめること etc.）である。貨幣・権力・真理の各メディアは，欲求充足・物理的暴力・知覚という身体的過程と固有かつ排他的に対応している。
> 　我々は欲求充足や暴力という身体的なものを共通基盤として共同生活を営んでいる。愛の場合にそれにあたるのがセクシャリティである。性は愛というメディアと固有の対応関係にあり，セクシャリティは，性的関係以外では到達が難しい程度にまで，自らの体験を相手の体験として想定することを可能にしている。
> 　しかし，権力というメディアが物理的暴力の排除，あるいはその使用の制限によって可能となっているように，愛もまた，あからさまな性的関係の排除に意を注ぐのである。だからこそ，性的満足を引き伸ばす戦術に重要な役割が与えられていたのであり，セクシャリティに肯定的な意見が広まってからも，いかにしてセクシャリティを飼い慣らすかが，愛に関する言説の中心的テーマとなり得たのである。

恋愛観においても，愛は愛以外の基礎づけを受けつけず，愛においては，愛があるということだけが唯一の支えとなる。

　おのおのに独自の内面世界を持つ近代の諸個人にとって，相手の気持ちを完全に推し量ることは困難あるいは不可能である。それにもかかわらず，お互いをかけがえのない存在として承認しあうにはどうしたらよいか。
　言葉や行為それ自体は誤解を生みやすいものであるし，事実，親

第2章　親密性のパラドクス

密な関係においても言葉や感情の行き違いはしょっちゅう発生する。そうなると相手の愛を指針とするしかない。当人同士の間に愛があると見なすことだけが，様々な誤解・歪曲・離反から親密な関係を守っている。

追究すればするほど，本当のところは分からないという，愛のパラドクス*が愛を支えているのであり，パラドクスの顕在化が回避されることで，コミュニケーションが円滑に進行している。

> *パラドクス
>
> パラドクスという言葉は，翻訳すれば"逆説"となるが，一言で要約するのは難しい。ルーマンもかなり広い意味で使用しているようである。本書では，一般的用法に従って，この言葉を次のような意味で捉えておきたい。
> パラドクスとは，"正しそうな前提から，受け入れがたい結論や矛盾が得られてしまうこと"，あるいは，"正しいようで矛盾していること，矛盾しているようで正しいこと"である。

経済システムならば，（本当は誰の物かを確定することなどできない）物品の所有権を，"貨幣の支払い"によって確定する。科学システムでは，究極的真理は不在・不明あるいは到達不能であるにもかかわらず，一定の手続きを経て証明された"真理"を共有しあう。同じように，本当の愛が不明であるにもかかわらず，むしろ不確かであるからこそ余計に，"愛し，愛されている"ということを再確認しあって親密性を維持するのである。

第5節　愛というメディア

　ある命題が真理と判定されることで科学のシステムが成り立っているように，様々な振る舞いや感情が愛に見積もられることで，親密な関係は維持されてゆく。あたかも貨幣を交換する場合と同じように「愛」が使用されている。

　真理も貨幣も近代になって一般化し自律化した「象徴的に一般化されたコミュニケーション・メディア」である——（言うまでもないことであるが，真理という言葉や，貨幣というもの自体はそれ以前から存在している）。愛もこれらと同種の象徴的に一般化されたコミュニケーション・メディアなのである。愛というラベルは「真理」というラベルに似ており，愛の交換は貨幣の交換に似ている。しかし，そのどちらとも異なっている。

　このような愛をルーマンは「人と人との相互浸透」の一例と呼んでいる。親密な関係における相互浸透においては，特定の相手の心的営みが自らの営みの糧となり，相手の体験を受け入れて，それに沿うように自分が行為するということが成り立っている。

　愛する者は，あらかじめ相手の気持ちを汲み取ってそれに志向して行為する。「愛する者だけが愛の行為をとることができる」*。「愛は相手の心的システムの世界に方向づけられているのである」(LP., S. 220)。お互いがそのように振る舞うとき，愛という相互浸透が生産・再生産される。

> ### *自我と他我の結びつけ
>
> ルーマンは，貨幣・権力・真理そして愛の，四つの典型的な"象徴的に一般化されたコミュニケーション・メディア"について，それぞれのメディアが，自分（自我）の体験と行為を，相手（他我）の体験と行為に，どのように結びつけるかを図式的に示している。
>
> 「愛」においては，愛する者は，いつも愛される側が"愛されている"と体験できるように行為せねばならない。つまり自我の（"愛する"という）行為と他我の（"愛されている"という）体験が接続されることになる。
>
> そして，そのような行為がとれるのは，まさに相手が自分によって"愛されている"からであり，自分が相手の体験を先取りしているからである。しかし，この図式はやや分かりにくい。
>
> 四つのメディアに関するルーマンの解説は，「自明というにはほど遠く」，ルーマンとは異なった種類の説明も可能であり，「批判的に議論されるべきであろう」（Borch, 2011, p. 79）。ルーマンが言うような説明の仕方も確かに可能ではあり，重要な論点でもあるが，ここで取り上げると，やや混乱を招くので，その部分についての解釈は省略しておきたい。

(3) 愛というリスク

親密な関係における相互浸透では，相互に相手の存在が，自分自身が存在するための条件となっている。「想像力を駆使して相手の自由を処理し，相手の自由と自らの願望とを融合させる」のである（LP., S. 62）。ただし，この営みはいつも違背のリスクに晒されている。

高度に個人化し，諸個人が独自の内的世界を保持し，相互に外からは垣間見ることのできない心的世界を確立した段階では，個々人

第 5 節　愛というメディア

の意識は独自のものとして閉じている（この点についての詳細な検討は，第 4 章，第 5 章で行いたい）。

　実際には相互に閉じて交わることのない二人の人間のそれぞれの内面世界（二つの独立した意識のシステム）を，あたかも緊密に結びついたものであるかのように見なすことができるためには，それに寄与する独特のメディアが必要となる。

　なぜなら，我々の意識は他者の意識と交わることはないし，テレパシーで融合するわけでもない。もし，他者の意識が直接に自己の意識に浸透してきたら，それは SF か精神の病と診断されるだろう。

　相互にお互いを鋭く区別することで可能となっている近代人の意識は，貨幣や真理のような媒体を使用することによって，能率的で間違いがなく，また予期が可能なコミュニケーションを遂行している。

　言語も，そもそもはこのように閉じた意識同士のコミュニケーションの手段として発達してきたものだが，そこから，貨幣というものや，真理という観念がメディアとして分出することで，複雑なコミュニケーションを簡便なものにしている。

　愛もまたそのような目的を伴って発達し分出したメディアである。貨幣や真理が，それに代わるメディアの存在を許さないのと同じように。愛は今や独自の抽象性と一般性を獲得し，他の何物によっても代替されない独自性を獲得した。

　真理というメディアは自ら何の中身も持たないからこそ，あらゆ

第2章 親密性のパラドクス

る事象に適応される。何らかの命題が真理であるかどうかであって，真理それ自体というものは存在しない（宗教的コミュニケーションにおいて，しばしば"真理そのもの"という言説が用いられることはあっても）。紙幣もまた，紙切れにすぎないからこそ何とでも交換される。愛も同様である。様々な言葉や振る舞いが「愛」というメディアで総括されていく。

「愛されている」のか「愛されていない」のかというコードの，「愛されている」という側が選択され続ける限りにおいて，親密な関係が維持される。それゆえに，相手に「愛されている」と感じさせる行動が求められる──「愛している」かどうかは，自分の側の問題であるので，特別な自問自答を除いて，通常は自明である。

しかし，愛は逆説的（パラドクス）である。親密な人間同士であっても，あるいはそうであるからこそ余計に，閉じた相互の意識システムが生む誤解や期待はずれから逃れることは難しい。

それにもかかわらず，相互の間に親密な愛の関係が存在していると見なすことができるのは，「逆説的な言い方だが，愛はコミュニケーションを大幅に断念することによってコミュニケーションを強化することができる」からである（LP., S. 29）。

一定の手続きや言葉・行動などがあることによって，無限遡及の可能性が断ち切られ，それによって愛が存在可能となっている。これは真理や貨幣というメディアと同様の働きである。

とすると，愛には二種類のパラドクスが内在することが分かる。

第5節　愛というメディア

一つは，愛を確かめようとすればするほど，不確かなものとなる（あるいはそう感じられる）という側面。もう一つは，無限遡及的な愛の確認作業を放棄（断念）することによって，むしろ愛の確かさを強化しているということである。

　複雑化した現代人の心情を完全に描写したり理解したりすることは困難である。自分自身にとってさえ，自分の感情は不分明で制御不能なものである。としたら，様々な種類の曖昧な感情の生起はそれとして，ともかくも，愛という一本の筋に収斂するものとして（一定以上の無限遡及は断念して）それらをイメージすることができれば，コミュニケーションはずっと簡便になり，複雑性が縮減されて，コミュニケーションに際しての負担が軽減される。
　言うまでもなく「愛し，愛されている」ということの具体的表現や状態は千差万別であるし，だからこそ，より本物らしい愛を志向する。本当の愛は，いわば「本当」という虚構である。「究極の真理」という魅力的な言葉が，実際には何も表していないのと同様である。
　だからといって「本当の愛」を志向することに価値がないわけではないし，現実にはそれが親密な関係性の高進を可能にしていることも確かである——ただし，それが同時に「本当ではない」として破綻を招くこともあるのだが。

　愛があるかどうかは，愛があるとするかどうかに掛かっている。愛があるという言葉と行為を，愛の存在として受け取る限りにおいてのみ，愛のコミュニケーションはあるのであり，愛のコミュニケ

第2章　親密性のパラドクス

ーションを愛として受け止め続ける限りにおいて，それのみによって愛は存在し続ける。そのこと以外に，愛が存在することを保証するものは何もない。

それゆえ，愛というメディアの存在は愛の不確かさに基づいている。愛という親密な関係は，かくも不安定で頼りないものであるが，逆に，愛さえあれば盤石であるという意味では，それだけで独立した，他の何物によっても邪魔されることのない確かな社会関係であるとも言える。逆説的な表現だが，"愛は不確かであるがゆえに確かなもの"となる。

（4）親密圏のディアボリズム

現代人の個人的意識のシステムは高度の再帰性（自らを反省的にモニターすること）を獲得して閉じている。社会生活のうえで，諸個人は役割・地位・権利・義務関係において社会的に開かれているが，個人の意識それ自体は閉じている。言葉や習慣は社会から学んだものであっても，人格が形成され，自分の言葉と自分の心を持つ段階に至ると，人の意識は閉じる。それが個人化の一つの重要な帰結である。

このように閉じた自我が，それにもかかわらずお互いに対して開かれて緊密に融合するという仮象を持つことができるとしたら，それは愛というメディアを使用することによってである。個別に切り離されてしまった諸個人が，無味乾燥なインパーソナルな社会関係ではなく，親密でパーソナルな関係を形成するための条件として，愛というメディアが分出したということになる。

第 5 節　愛というメディア

　個々人の意識システムは閉じていて，他者とは繋がっておらず，現代人の自己意識はますますその傾向を強めている——"人間同士，皆，繋がっている"という言葉に意味がないわけではないが。
　「恐らく今日の社会は，純粋にパーソナルな世界を築くことへの動機づけという点から見れば，より強くその方向に向かっていると言える。しかし他方で人々は，今やそれがどんなに大変なことであるかを，ようやく知り始めているのである」（LP., S. 215）。

　愛というメディアは，その独自のシンボリックな作用によって，人と人を結びつける（接続させる）が，愛が強調され純化されるほど，関係の破綻（離別）もまた起こりやすくなるという，別種のパラドクスも抱えている。
　そのために，親密圏が愛を主たるコミュニケーション・メディアとし，身分・親族・共同体などから自由になればなるほど，親密圏は困難な場として現れざるを得ない。愛だけで結びついている関係は，愛の形が少し変わったり不足したりするだけで破綻するからである。

　愛はシンボリックなメディアであるが，貨幣と同様にディアボリックな契機を内在させているのであり，親密な関係性には，愛ゆえの独特のディアボリックな面が存在する。
　愛のディアボリックな面について，貨幣のディアボリズムから類推するなら，愛が身分・階層や親族・友人の「絆」から当事者を引き離し，血縁・地縁などの様々な社会的結びつきを"断ち切る"ということがまずある。

第2章　親密性のパラドクス

それだけではない。愛が介在するがゆえの争い，疑い，離反，暴力などもある。現代社会では，親密圏のアンビヴァレンス（愛憎の両面感情）や親密圏の専横（DVやネグレクト，セクシャル・ハラスメント）などの形でも，親密性における愛のディアボリック側面は，その開口部を広げつつある。

家族にも話を拡大するならば，ギデンズやベックの言うように，個人が近代核家族の中に首尾よく位置づけられて，「埋め込み化」されていたうちはよかったが，その制度的安定性がゆらぎ始めると，愛のシンボリックな機能だけでは親密な関係性を支えることが難しくなる。

主として愛によって成立すると言われてきた近代の家族であるが，家族の機能が外部化され（それまで家族が果たしてきた様々な機能が，外部の消費社会や公的機関で調達可能になる），また個人のライフスタイルが家族との間に軋轢を生むようになると，ディアボリックな摩擦と分裂の危険性が生まれる。

家族の内部空間は親密だと信じられているが，しかしそうであるからこそ逆に，いつも親密な他者の"なま"の感情表出に晒されている。ダイレクトで遠慮のない親密なコミュニケーションは，時に息苦しく，また危険なものともなる——そのために，人はしばしば家族からも「閉じこもる」ことになる。

それゆえに，新たな親密圏を構築してゆくことと同程度に，親密な関係性の中に宿る，ディアボリックなものとどのように向きあうかが，大きな課題となる。「産業社会からリスク社会へ」というべ

ックの図式は，親密な関係性にも当てはまるはずであり，さしあたりは，(恋人・夫婦・家族を含めた) 親密圏のディアボリズムとして問題領域を拡大している。

 このことを正しく認識するためには，親密圏は，決して愛のシンボリックな空間であるだけではなく，ディアボリックなものと背中合わせであることの再確認が必要である。

 テンニースがゲマインシャフトを「あらゆる分離にもかかわらず結合している」社会関係として捉えて以来，親密圏を見る眼差しにおいてはシンボリズムが優越しており，これは，社会学がシンボリズムの優越とともに発展してきたことと軌を一にしている。
 だが，現代の親密圏は，幾多のディアボリックな契機を表面化させており，"見かけ上のあらゆる結合にもかかわらず，分離している"，あるいは"分離の危機に晒されている"と言うほうがふさわしいかもしれない。
 社会関係におけるシンボリックなものとディアボリックなもののバランスは，ディアボリックなものが顕著になる傾向にある。それゆえ，これまでとは異なった，よりディアボリックな側面を注視する方向に視線を転ずるのが，社会学にとって，現代にふさわしい理論構成の仕方なのではないか。

信頼のリスク

第3章

序

　本章では，近年になって様々な学問的・実践的領域で頻繁に使用されるようになった，「信頼」の概念を再検討する。第1章では，公共圏においても親密圏においても，ディアボリックなものの働きが顕著になると述べたが，リスク社会化を契機に，様々な仕方で信頼の意義が強調されるようになっている。

　ベックやルーマンのリスク社会論を契機として，あるいはギデンズの「第二の近代」論などを参照しながら，信頼という言葉が多用され，とりわけ，リスク社会における政策立案などの場面で好んで用いられている。

　近代的な公共圏（公益性と公開性によって成立する社会領域）のシンボリズムにおいては，"公共性"という抽象的概念がその中心的位置を占めていたが，同程度に重要であったのが，「信頼」であったと言うことができる。

　信頼論の興隆は，リスク社会の到来を見据えて，事後的に見出さ

第3章 信頼のリスク

れた新たな意味づけであろうが，信頼を中心に置いて検討することで，逆に，現代社会のディアボリックな面が見えやすくなる。「3・11」の「フクシマ」との関わりにおいても，「信頼」のディアボリズムについて検討しておくことの意義は大きい。

一般的には「技術的安全と社会的信頼を通じた安心の確保」などの形で，「安全・安心・信頼」という三つの概念が相互に関連づけられることが多い。ルーマンの『信頼』(1968年)，ギデンズの信頼論，R・D・パットナムの「ソーシャル・キャピタル」(社会関係資本)論 (Putnam, 2000)*などに影響されながら，多少の混乱を含みつつも，使いやすい概念として，「安全・安心・信頼」が三点セットとして浸透している。

ただし，少し突っ込んでその内容を検討し始めると，安全・安心・信頼の中身は曖昧である。中でも厄介なのは「信頼」である。リスク社会化の進行とともに，国民・住民の信頼を取りつけ維持することが行政の重要課題となりつつあるが，そのような合意の取りつけが，真にリスクの回避・軽減に繋がるものであるかどうかについては，判断が分かれている。

これらの点を踏まえて，以下では，ジンメルの古典的信頼概念と，リスク社会化に伴って出てきたルーマンとギデンズの信頼論を比較対照し，信頼という概念の今日的意義とその位置づけについて再考したいと思う。はたして，信頼は信頼できるのか？

> **＊パットナムと「社会的信頼」**
>
> パットナムは、個人的人間関係に埋め込まれた、親密な間柄での「厚い信頼」(thick trust) と、一般的な匿名の他者に対する社会的信頼である「薄い信頼」(thin trust) を区別して、厚い信頼は以前と変わらないのに比べて、薄い信頼が希薄になりつつあることを危惧している。
>
> この用語法を用いるなら、本書では、「薄い信頼」は公共圏のディアボリズムに関わるもの、「厚い信頼」は親密圏のディアボリズムに関わるものと見ている。ただし、パットナムのように、社会的信頼が単純に「社会関係資本」(社会関係の形成に有効に作用する、人的・社会的資源) になるとは考えていない。むしろそれはリスクを助長してしまう危険なものでもある。
>
> 信頼と安定とが単純な原因・結果の関係にあるのではないにしても、信頼があるから良き社会関係が維持されているのではなく、安定した社会関係が維持されているから他者への信頼が可能になっているのだとしたら、リスク社会では、旧来の一般的互酬性に対する社会的信頼は形成されにくくなるはずである。そのような社会で改めて信頼を強調することは、理論的な空回りを感じさせる。

第1節 「安全」の脱構築

そもそも「リスク社会論」とは何なのかを、安全・安心との関わりで問い直してみると、ベックやルーマンに代表される一連のリスク社会論は、19世紀以降の国民国家（あるいは広い意味での福祉国家）が保障してきた「安全」概念の「脱構築」だったと見ることができる。

第3章 信頼のリスク

「リスク社会」が意識される20世紀末までの近代社会においては，一般的な意味での「危険」に対応した，一定の客観性と普遍性を備えた基準状態としての「安全」が想定されていたはずである。そしてこの安全を確保するために，近代的タイプの危険に対する様々な「手なずけ」が存在した——I・ハッキングの言葉を使うなら「偶然を飼い慣らす」ことである（Hacking, 1990）。

そこでは，失業，労働災害などに代表される近代的タイプのリスク＝「産業－福祉国家的リスク」（Lau, 1989）が，一定の計算可能性に基礎を置いた予測と保障の手続きによって，社会的に保障されていた。自然災害や健康上のリスクもまた，同様にして，制度的に飼い慣らされ，手なずけられていた。

それゆえ，広い意味での危険は，社会的仕組みの中で安全と結びつけられ，基準状態とそこからの逸脱として，社会的・科学技術的に処理可能なものとして想定されていた。「産業－福祉国家的リスク」は，いわば近代国家の社会的な力によって一定の枠内に押さえ込まれていたと言うことができよう。

ところがこの「安全」は，新たに登場したリスク社会論によって（ポスト構造主義的表現をするなら）"脱構築"されてしまった。例えば，ルーマンが「安全」をリスクの反対概念として捉えることを批判し，〈安全／危険〉に替えて〈リスク／危険〉（Risiko; risk/Gefahr; danger）という概念対を設定したとき，「安全」という概念は何を失ったのか。

リスクという概念は，何らかの人為的選択によって将来的に降り

第1節 「安全」の脱構築

かかる損害を意味しているが，ルーマンの場合には，その損害が自らの選択によって引き起こされる場合を「リスク」，他者の選択によって自分に損害が及ぶ場合を「危険」と再定義している*。

> **＊「リスク」と「危険」**
>
> ルーマン的意味での「リスク」と「危険」の区別については第1章でも述べたが，一般的には，リスクと危険の概念的区別は様々な仕方で成されている。学問領域や国家・行政単位ごとに，それぞれに異なった意味とニュアンスで使用されているようである。
> そもそも，この用語を流行させるきっかけとなったベックの『危険社会』（原題『リスク社会』）において，リスクと危険の概念的区別は曖昧であった。後になって，二つの概念を区別することの重要性が認識されるが，その場合でも，ルーマンのような区別を採用することは一般的ではない。普通は，"何らかの人為的選択や操作によってもたらされる将来的損害"を「リスク」とし，それ以外の一般的損害や脅威を「危険」と見ているようであるが，それも様々である。

これは『リスクの社会学』(Luhmann, 1991) を貫く視点であり，またリスク・アセスメントの場などを想定すれば，その区別自体は重要であるが，さしあたりは，そのようなリスクと危険の区別よりも，まずはそこに現れた「安全」の位置の変化に注目したい。

〈安全／危険〉が〈リスク／危険〉という対に変えられたとき，単に危険が二つに分けられた（自己選択によるリスク／他者から被る危険）だけではなく，もはや安全はないのだという基底的事実が明らかになっている。

リスクという概念を導入して「安全」と対比するとき，それが意

第3章　信頼のリスク

味しているのは「絶対的な安全は存在しない」ということであり，また「人が何かを決定するときにはリスクを避けることはできない」という事実である（ebd., S. 37）。

ベックはこれをもっと一般的な用語で，分かりやすい現代社会論として提起しているが，『危険社会』で彼が主張していることを一言で要約するならば，リスク社会には，近代社会が保証していた制度的安全がもはや存在しなくなったということであり，これが科学技術から個人の日常生活にまで及ぶという状況の指摘である。ギデンズもその線上にいる。

「安全」が脱構築され，一般的危険が「リスク」に置き換えられたとき，安全なき社会の不安を和らげる概念として「安心」が登場する。

安全が客観的・普遍的状態を表しているのに比べて，安心は主観的・個別的かつ状況主義的な可変性を持った概念である。病気という災厄がリスクに変わり，健康という安全が「フィットネス」（fitness：適合性）という終わりなきプロセスに変わったように（Bauman, 2000），危険一般がリスクに置き換えられるのに伴って，客観的基準や終着点の見えなくなった「安全」は，主観的な「安心」によって代替されることになった。

20世紀末から明確化した消費社会化の中で，安全もまた，まさに消費の構造と同様に，明確な基準を持たずしかもこれといった終着点のない，フィットネス（適正な身体・生活の管理）という新しい基準に支配されるようになる。現代人の生活にビルトインされた「終わりのない」フィットネスは，多くの緊張と不安を生み，そし

て，その不安が解消されることはない（Bauman, 2008, p. 13）。

　だが，安心は消費における「満足」やフィットネスと同様に，捉えどころのない概念であり，言わばそれだけでは自分を支えることのできない頼りない主観的用語である。絶対的な安全——「大きな物語」としての安全——というものが喪失されてしまったことは分かっているが，安心というだけでは何に対する安心なのか分からない。

　そこで安全と安心を対にし「安全・安心」と言わざるを得ない。それがこの使いやすい言葉の構成であろう。そして次には，この安全・安心とリスクを媒介するものとして「信頼」の意義が高まらざるを得なくなる。

第2節　信頼論の構造

　信頼という用語の意義は，リスク社会状況を前にしてにわかに高まりつつあるが，もともとは，ジンメルの古典的業績の中でその社会的意味が確認されていた概念でもある。そこでまず，ジンメルの信頼論を概観し，ジンメルのどの部分がどのようにルーマンとギデンズに継承され，どこに新しい要素が加わったのかを検討しておきたい。

　このことは，信頼という概念を再考するに当たって思いのほか重要な意味を持っている。パットナムの「社会的信頼」概念などの応用問題はあるが，社会学的信頼論は《ジンメル→ギデンズ／ルーマン》という理論的流れの中でその基本的論点は尽くされているよう

に思われる。

実際には、ジンメルにまで遡って信頼論を検討する理論学説は少なく、また、ルーマンの理論は機能主義的にすぎるような印象を与えるのか、ギデンズ的な信頼観が使い勝手のよい概念として利用されているようである。

国内外に流通している信頼論の多くは、ジンメルを「後期近代」風に読み替えたギデンズの立場と大同小異である。その主体論的な理想主義は耳触りがよく、一見、リスク社会に希望を与えているようにも見えるが、それ自体が大きなリスクであることへの考察は欠けている。

(1) 〈信仰／信頼〉〈知識／無知〉

ジンメルの信頼論は、主として宗教論、貨幣論などにおいて展開されている。そこで『貨幣の哲学』(1900年)、『社会学』(1908年)、『宗教』(1912年) などに拠りながらその意義を確認したい。

ルーマン、ギデンズ共に、信頼論を形成するにあたって、それぞれにジンメルから大きな示唆をうけていることは言うまでもない。むしろ、二人ともジンメルの枠組みの中で動いていると言っても過言ではない。ただ、この点についての研究は多くはない。近年になって日本ではジンメルの翻訳と紹介が進み、幾つかの研究書で、ジンメルが使用する信頼概念についても触れられてはいる。

ジンメルの信頼論では、"Glaube"（belief：信仰）と "Vertrauen"（trust：信頼）という二種類の用語が使用されているが、そのジン

第2節　信頼論の構造

メル的用法を厳密に規定することは難しい。ここでは，ジンメルの「信頼」には二つの言葉が対応し，"Glaube" はより宗教的な信仰に近いニュアンスを持ち，世俗的意味での信頼 "Vertrauen" も，その根底には信仰の契機があるのだという意味あいを汲み取っておきたい。

そしてジンメルにおいては，「自我への信念，他者への信頼，神への信仰」——（ここで信念，信頼，信仰と訳し分けたものの原語は全て "Glaube" である）——は互いに親和しあっており，「この宗教的な信仰が，個人的なものを超えた，いかなる純粋に社会的な意義を持っているか」(Simmel, 1912, S. 73) が問われることとなる。

それは同時に，貨幣への信頼の基礎ともなっているのである。ジンメルは『貨幣の哲学』で，貨幣交換を可能にしているのは，政府と貨幣の品位（価値）に対する信頼，ならびに貨幣の継続的利用可能性（経済圏）に対する信頼という，二種類の信頼であると述べている。

このように，ジンメルの信頼論には信仰と信頼という，連続してはいるが区別もされねばならぬ，二種類の契機が含まれていることが分かるが，もう一つ，重要な両面性がある。それは「知識」と「無知」に関わるものである。

大著『社会学』の中で，ジンメルは信頼のアンビヴァレンス（両面価値）を指摘している。我々の相互作用は，実は，相手に対する相互的な知識と，そして「無知」(Nichtwissen; ignorance) とを前提

第3章　信頼のリスク

として成り立っている。「知識は関係を積極的に条件づけるが、…関係はまた、同じようにある程度の無知をも前提とするのである」。我々は相手について知らないことがあるからこそ、コミュニケーションを取ろうとする。もちろん、相手について何も知らなければ、そもそも関係を結ぶこともできないのであるが。

そこで、知と無知とを架橋するものとして信頼が要請される。「信頼は…仮説としての、人間についての知識と無知との中間状態なのである。完全に知っている者は信頼する必要はないし、完全に全く知らない者は、当然のことであるが、信頼することなどできない」(Simmel, 1908, S. 393)。

要約するならば、ジンメルの「信頼」は、宗教的信仰において純粋な形で現れ、信仰という契機をベースとして人間に対しても現れる信仰的意味あいと、知と無知の中間状態に位置する媒介的社会関係という、二つの軸を持っていると言うことができる。

近代社会の形成とともにその意義が高まりつつあった信頼は、信仰と信頼という（日常言語的には異なった印象を与える）概念的二重性を保持しながら、知と無知との中間項としてその社会的機能を果たす両義的な役割を与えられた。

もはや信仰によって社会を支えることはできないが、しかし、それをベースとした信頼という社会関係は、まさに貨幣がそうであるように、新たな近代的相互作用を開き発展させる可能性を持っている。そして、それは大都市特有の人間関係であるストレンジャー同

士の，知と無知との狭間において展開するのであるということが，ジンメルが信頼に期待した時代的意味であったと言えよう。

(2) 信仰―信頼―確信

100年前のジンメルの図式は，基本的に現在の社会学的信頼論でも踏襲されている。これはある意味で驚くべきことであるが，ジンメルの先見性とともに，近代という時代の制約について考える手立てともなる。

ジンメルによって開拓された信頼論の基本的枠組みは，ギデンズにおいては〈信仰／信頼〉という二重性が，それを発展的に解消する形で引き継がれ，またルーマンにおいては，〈知識／無知〉のアンビヴァレンスがより先鋭化されて，〈信頼／不信〉という二元図式に置き換えられている。

ギデンズは主に『近代とはいかなる時代か？』(1990年) と『モダニティと自己アイデンティティ』(1991年) で信頼論にページを割いているが，後者での信頼に関する記述はほとんど前者の繰り返しなので，ここでは『近代とはいかなる時代か？』を主に取り上げて議論を進めたい。

ギデンズは今日の信頼論の典型として参照されることが多く，「専門家システム」(「抽象的システム」) に対する信頼という概念や，エリク・H・エリクソン (E. H. Erikson) などの心理学的研究への依拠によって導かれる「存在論的安心」「基本的信頼」などの用語によって知られている。使用される概念相互の重なりや関係がやや不明確な点を除けば，その基本的構図は明瞭である。

第3章 信頼のリスク

 近代化に伴い「人格的信頼」に替わって「抽象的システム」への信頼が重要性を増すことになるが，信頼というものを個人のアイデンティティ形成の原点から問い直しつつ，それを存在論的安心と基本的信頼の延長線上に置いている。今日では非人格的なシステムに対する信頼が要請されると同時に，人格的存在に対する信頼もまた自らの前向きな獲得に委ねられる（"親密性の変容"）ことになるというものである。

 信頼論の先行研究であるジンメルとルーマンへの言及はわずかでしかないが，人格形成における心的要因の重視に傾いたギデンズの信頼論は，ジンメルの〈信仰／信頼〉図式を拡張し，「後期近代」に合わせて変容させたものとなっている。
 だが，ギデンズによる信頼論の本当の特性は，むしろごく簡単にしか触れられていないルーマン批判に最も特徴的に現れている。
 ルーマンは信頼と「確信」を切り離して，「慣れ親しんだ物事が存在し続けるであろうという，自明性（taken-for-granted）に関わる態度である確信（confidence）」と，「近代になって登場したにすぎない，特にリスクとの関わりにおいて理解されるべき信頼（trust）」とをはっきりと区別しているが，それは正しくないと言うのである（Giddens, 1990, pp. 30f.）。

 ギデンズにおいて信頼は「人間やシステムを頼りにすることができるという確信」として定義され，そこでの確信は，他者の誠実さや愛，あるいは抽象的原理（専門技術的知識）への「信仰」（faith）を表現していると言う。

それゆえ，信頼は確信から区別されるものではなく，ギデンズにとって信頼は「特定タイプの確信」なのである。信頼は信仰と同じではないが，しかし信仰に由来するものであり，正確には信頼は「信仰と確信を結びつけるもの」とされる*。

*信頼，確信，慣れ親しみ

このルーマン批判は，ルーマンがある英語論文（Luhmann, 1988b）で，信頼（trust）という概念を，日常的「慣れ親しみ」（familiarity）や自明性，ならびに制度や社会関係が存続することへの「確信」（confidence）から切り離したことに反論したものである。

ルーマンの考え方は以下のようなものである。「慣れ親しみ」は予想外の事柄が起こる可能性を想起さえしないが，それに比べれば，確信には，偶然的な要素や変動が組み込まれている。だが，どちらにおいても，期待外れが生起する源は外的環境の側にある。

これに対して，信頼においては，期待外れと損害（リスク）が発生する原因は，"自らが"行った選択にある。具体的な例を挙げるなら，貨幣や医療のシステムが存在していることへの確信を前提として，投資や医者選びという，信頼に基づく行為が選択されることになる。

現代社会においては，もはや「慣れ親しんだものとそうでないものとの区別は曖昧になっている」（ibid., p. 103）。とはいえ，「慣れ親しみ」にも確信にも，それぞれの役割はある。どちらが枯渇しても，「信頼」はうまく機能することができない。

ただし，あくまでも確信は「慣れ親しみ」と類似した，"外的世界がこれまでと同じように，これからも続くであろう"という認識の仕方に分類される。この点において信頼と大きく異なっている。

その点からギデンズの立場を見るならば，信仰を核として〈信仰—信頼—確信〉を同一線上に置き，存在論的安心と基本的信頼を重視する信頼概念は，基本的に，世界一般に対する「慣れ親しみ」に根拠を

第3章 信頼のリスク

置いた理論構成であると言えるだろう。

『信頼』(1968年)ではルーマンは,「慣れ親しみ」(Vertrautheit)に基準をおいて相対的に確実な期待を得ようとする態度は,「実存の構造なのであって行為の構造ではない」と述べている。よく見知っているから信頼できるという姿勢は,心情的依存にすぎず,社会的期待とは言いがたい。

「慣れ親しみ」が世界一般に関わるものであるのに対して,〈信頼と不信〉は「常に世界の選択されたある局面,可能な意味の内から切り取られた部分,を捉えて主題化することができる」(Luhmann, 1968, S. 23)。

ルーマン的観点に立つならば,ギデンズの信頼論はあまりにも「世界一般」と実存そのものを論じすぎており,特定の主題化された社会的テーマや個人的選択に関係づけるには,漠然としすぎていると言えるだろう。

現実のリスク・コミュニケーションや「合意」のためのテクノロジーの危うさを見るならば,ルーマンに分があるように見える。だがそのルーマンも,『リスクの社会学』では「信頼」に対して懐疑的になっている。

ジンメル,ルーマンの用語系と突き合わせるならば,ギデンズも,ルーマンと同様に近代的機能システムへの「信頼」の時代的意義は認めるが,信頼をそのつどのリスクと結びつけて考えることには抵抗し,存在論的安心や,基本的信頼を重視し,人間と社会への根底的信仰に基づいて,人々が確信を勝ち取ってゆくとでも言うべき契機として,「信頼」に期待を寄せている。

これは,信頼の基礎に信仰を見たジンメルの姿勢を一段前向きに捉え直そうとする理論にもなっている。ジンメルの枠組みであった〈信仰／信頼〉ならびに〈知識／無知〉のうち,ルーマンが後者の

認知的なアンビヴァレンス（両面価値，両義性）を発展させたのに比べて，ギデンズは前者の意志的側面が孕む二重性を積極的に展開しようとしている。ギデンズの社会理論が，全体として近代的主体の建て直し的な再主体化の構図をとっていることを考慮すれば，当然と言えるだろう。

　もちろんギデンズも，現代においてはかつてのような人格的信頼関係が困難であることを了解しており，その意味でも，現代信頼論を代表する理論タイプとなっている。
　信頼の働きに信頼を寄せ，人間と社会に対する根底的信頼感を信ずることで，「後期近代」という新しいタイプの社会の形成に寄与しようとする。だからこそ，多方面からの心情的支持を得ているが，ここでは，ジンメルが抑え気味に語った信仰と信頼の狭間が，明るい陽光でかき消されているようにも見える。
　ギデンズは信仰という契機を現代に復活させようとしているようである。ジンメルの信頼概念が持っていた〈信仰／信頼〉の二重性は，ギデンズにおいては，主体のアイデンティティ形成と前向きな態度によって発展的に解消される形になっている。もちろんそれは，安心と信頼を社会運営の基礎に据え，リスク社会と向きあうための一つの処方箋ではある。

（3）信頼と不信

　ルーマンの社会学には（彼自身はあまり引用しないが）ジンメルからの影響（もしくはジンメルと同じ思考）が見て取れる。信頼論もまたそうであるが，先述のギデンズとの比較で言えば，〈信仰／信頼〉

第3章 信頼のリスク

の二重性よりも,〈知識／無知〉のアンビヴァレンスを強く引き継いでいる。

これは,ルーマンがリスク社会を意識していることによるが,『リスクの社会学』(1991年)とは違って,『信頼』(1968年)という書物それ自体は,書かれた時期が早いこともあって,必ずしも「リスク社会」を強く意識した内容にはなっていない。

『信頼』の副題にあるように,「社会的な複雑性の縮減メカニズム」として信頼の働きを分析したものであって,機能分化した近代社会における,信頼が果たす機能についての一般論的考察として提示されている。

しかしまさにギデンズが,ルーマンは「信頼を,信仰とではなく,リスクと結びつけている」と見たように,ルーマンの信頼論は20世紀後期の社会が持つ独特のリスクについての,ルーマン自身の時代診断によって貫かれているとも言えよう。

『信頼』はルーマン初期の業績であり,また,邦訳も比較的早い時期に出版されたこともあって,その内容はよく知られている。信頼というものが,とりわけ近代の社会において果たすべき重要な役割についての考え方は,ジンメルのものと大筋においては一致している。

ルーマンは信頼の機能を「複雑性の縮減」(社会関係の複雑性と不確定性を減少させる)という観点から再検討し,先にも述べたように,日常的な「慣れ親しみ」と,リスクを賭した「信頼」とを区別している

第2節 信頼論の構造

また「人格的信頼」と「システム信頼」の違いとその近代的特性に留意しつつ,前者から後者への重点の移行と近代化とを重ね合わせる。とりわけ時間的次元に立った,現在と未来を結ぶ「将来に向けられた」複雑性縮減メカニズムとして,信頼の現代的役割を検討している。

信頼は「リスクのある先行投資」である。信頼は「複雑性縮減を通して,信頼なしにはありそうもなく,また魅力がないままに留まったであろう行為の可能性を開く」のであり (Luhmann, 1968, S. 30),信頼が存在しなければ,高度に複雑な社会を構成することはできないとする。

信頼は日常的な「慣れ親しみ」と,出来事の予測との中間的位置を占めている。信頼の確かさを究極的に基礎づけることはできないのであるけれども,「内的に保証された確かさで情報不足を補いつつ,利用可能な情報を過剰に利用し,行動予期を一般化することによって,社会的複雑性を縮減している」。

ここで特に注目したいのは,ルーマンが信頼の合理性を〈信頼／不信〉という選択肢において捉え,信頼と不信の両面から複雑性縮減の問題を考えようとしていたということ,及び,そのルーマンが次第にリスク社会における信頼の機能に対して懐疑的になっていったということの二点である。

ジンメルが指摘していたように,信頼は「知識と無知」の二面性によって成り立っているが,ルーマンは信頼の時間的次元を重視

第3章　信頼のリスク

し，信頼は現在において縮減された複雑性の働きを強化し，「出来事に関してより大きな複雑性を伴いつつ，生活し行為することを可能にする」と言い換えている。その意味でも，信頼は未来への先行投資なのである。

　リスク社会との関わりにおいて，信頼の時間性は特に重要である。我々は判断の基礎となる情報の全てを知ることはできないがゆえに，未来において出来するであろう他者の行為やシステムの振る舞いを，現在における他者への人格的信頼やシステム信頼によって処理することになる。それが，"現在において縮減された複雑性を強化する"ということの意味である。

　これによって我々は，潜在的に不確定性を抱えつつも，どうなるのか分からない未来を生きるといった，過剰な複雑性からは逃れることができる。ただし，いつも信頼すればよいというわけではない。「信頼することが適切な場合もあれば，不信を抱くことが適切な場合もある」(ebd., S. 112)。不信もまた信頼と同じく，社会的複雑性縮減に寄与するのである。

　それゆえに我々は，そしてシステムは，社会的な複雑性を信頼と不信という「構造化された二つの選択肢へと二元図式化する」。これは，より厳密に定式化された二元コードである〈真理／非真理〉〈合法／不法〉などと比較することができるが，これらのコードに比べて信頼のメカニズムは「技術化の程度」が相対的に劣っている。

第2節　信頼論の構造

　〈真理と非真理〉〈合法と不法〉などは，一定の手続きによって等価的に入れ替え可能である。ある命題が反証されれば，真理は直ちに非真理となり，その逆も可である。裁判の手続きは，ある事件を合法と不法に，中立的に裁き分ける。

　ところが，信頼はたやすく不信に変わるにもかかわらず，不信はそう簡単には信頼に変わらない。倫理的には信頼が原則で，不信はあくまでも例外であるべきだとされており，社会関係においては，疑わしい場合には信頼が優先されがちであるが，システムにとっての合理性という観点から見るならば，信頼と不信は相互に高めあうことができるのだとルーマンは考えている。

　信頼を構成する「知識と無知」の同時存在というジンメルのアンビヴァレンスは，複雑性縮減における「信頼と不信」のそれに置き換えられている。

　ルーマンにおいて，信頼と不信が共に存在し得ることがシステムにとって合理的なのであるが，『信頼』を書いた時点では，あくまでも信頼の積極的意義を高く買っていたようである。「不信の戦略」はその情緒性のために先入見に囚われて，学習可能性を奪ってしまうとして，信頼のほうが「心理的に容易な方法である」と見ていた。

　だが，リスク社会の現実が明らかになるにしたがって，ルーマンは信頼に疑いを持ち始めたように思われる。信頼は信頼できるのか。〈信頼／不信〉の二元図式はいつも信頼に優先権があるような仕方で構造化されており，それゆえにギデンズは信頼を信頼するの

83

であり，ジンメルも，アンビヴァレンスを意識しながらも信頼の可能性に期待していた。

ルーマンもある程度はそうであったはずだが，リスク社会に広がる「無知」あるいは「不知」(Nichtwissen)＊の深淵は，安易なリスク・コミュニケーションと信頼形成に不信を抱かせることになる。

> ＊不知（Nichtwissen ; ignorance）
>
> 未来は知り得ないから，それゆえにリスクを避けることはできない。一般的には，そのようにしてリスクと不知が関係づけられている。
>
> しかし，不知（知られていないこと，知り得ないこと）は単純ではない。何が分かっていないかの特定化が可能な，「まだ知られていないが，知られる必要がある，…"特定化された不知"(specified ignorance)」があり (Merton, 1987, p. 7)，それに対して，何が起こるか予想もつかないという"特定化が不能な"不知がある。
>
> 通常，科学は，何がどこまで分かっていて，何を追究すればよいかという，「特定化された不知」を媒介として展開される。だが，科学技術の進歩は，逆に「特定化されない不知」の領域をも拡大させつつあり，不知の壁は高まらざるを得ない。そして，破局的なカタストロフィーの壁は低くなり，人々の不安は高まる。
>
> 「フクシマ」に関係づけるなら，原発事故・災害の場合には，「特定化された不知」と「特定化されない不知」の区別さえきちんと説明されていなかったと言えよう。
>
> 「特定化されない不知」は，科学によっても容易に「知」へと変換されるものではなく，また，あらゆるシステムが抱えている問題でもある。それは，複雑に機能分化した現代社会ならではの問題である。ここに，不知の持っているもう一つの重要な側面がある。
>
> 我々は，単に未来を知り得ないだけではない。様々な社会システム

や組織は,自らとは異なった原理で運営される他のシステムを,自らはその内部を知り得ない外部環境として受け止めざるを得ない。各システムが複雑に分化を遂げていればいるほどそうである。そういう意味でも,不知の壁は高くなっている。

　機能分化によって,社会全体をコントロールできるような中心的位置が失われた現代社会においては,おのおののシステムにとっては相互に予見することが極めて困難であるにもかかわらず,いったん発生すると甚大な影響を与えあうリスクが増大している。

　例えば,遺伝子のコントロールに関する"科学的"研究の進歩は,科学とは異なったシステムである経済や家族,それに関わる法のシステムや政治,そして自然環境などに対して,科学を超えた大きな影響を与えてしまう。

　それゆえにこそ,このような不知についてのコミュニケーションを欠かしてはならないことになる。ルーマンの「不知」概念は,そのような含意を持った用語である――(この点については［小松,2003］で詳細に検討されている)。「無知」と訳すと,日常言語的なバイアスがかかって概念的奥行が消えてしまうので,ここではあえて「不知」という訳を当てておく。

第3節　信頼の構造転換

　著書『信頼』の中で,ルーマンは「信頼の信頼」(Vertrauen in Vertrauen) という言い方で,"信頼を信頼する"という再帰性に言及していた。

　その再帰性は,"人格的信頼"のレベルでは――
・自分自身の信頼を信頼すること
・他者が自分を信頼していることを信頼すること

第3章　信頼のリスク

・他者が自分と同じやり方で第三者を信頼していることを信頼すること
　——の三つである。

　また，システムの機能的能力に対する"システム信頼"のレベルにおいては——
・他者も自分と同じようにシステムを信頼しているということが共通の基盤として意識されていること
・すなわち，"他者の信頼に対する信頼"という再帰性が，システム信頼の合理的な基礎となっていること
　——が挙げられている

　そういう意味での「信頼を信頼する」ことの意義をルーマンは認めていた。しかし，現代の社会において，その見方をそのまま受け入れることは難しい。"信頼を信頼する"ことは可能であろうか。

(1) リスク社会の信頼

　「専門家やテクノロジー，他者の約束や慎重さへの信頼は，次第に消えつつある。そのような信頼は，(自らリスクを賭する)"リスク"のパースペクティブと，(それによって影響を被る)"危険"のパースペクティブとの差異がもたらす不公平さによって，破壊される。そしてなるほど，危険が自然の出来事ではなく，…他者の決定に起因すればするほどそうなのである」(Luhmann, 1991, S. 123)。

　全般的リスク社会化によって，あるいはベックの言う「リスクの

第3節　信頼の構造転換

個人化」も手伝って，我々の日常には様々なリスク・コミュニケーションが入り込むようになっている。だが，決定と被害に関係する社会的・個人的主体の多様性によって，リスク・コミュニケーションに際して単に誰かを，ある時点で，信頼すれば済むというわけにはゆかなくなっている。

そしてこれはリスク・コミュニケーションに留まらず，日常生活で出会う相互作用の場における，様々な個人との多様なコミュニケーションにおいても現れている。

ここでルーマンが指摘する，"意味"の「時間的次元」と「社会的次元」の区別について触れておく必要があろう。

この区別について，ルーマンは色々な著作で言及しているが，ここでの論点に引きつけて理解するならば，意味の時間的次元とは，ある事柄が将来的にどのような形をとるかという予測・予期に関わるものであり，これに対して社会的次元とは，あることを人々がどのように受け止め判断するかという，合意に関わる問題である。

「リスク」という言葉は，これまでの（近代）社会に受け入れられていた，「危険」と「安全」の概念に備わっている二つの次元（時間的次元／社会的次元）を分化させた。危険一般に対して，時間次元での将来的な「リスク」が重視され，同時に，社会的次元では，自ら負担する者にとっての「リスク」と，被害者にとっての「危険」とが分化する。

リスク論は一般にこの二つの次元が混合する形で形成されてお

第3章　信頼のリスク

り，ベックにおいて時間的次元は不確実性一般に関わり，社会的次元は「サブ・政治」（政治以外の様々な分野での活動が政治的意味を持つこと），「不安による連帯」などの概念と結びついている。

　機能分化が進んで，それぞれに独自の仕方で作動する（政治・経済・法・科学などの）機能システムが自律した社会では，「不知」の壁は高まらざるを得ない。それぞれのシステム（あるいは，そのシステムの原理に基づいて行為する個人）は，他システムとは異質な論理で動くがゆえに，それぞれにとっての不可視性は高まる。
　おのおのの個人やシステムにとって，他者や他システムは不可知的な環境としてあり，出来事の予測や他者の行動予期はいっそう困難になりつつある。それゆえに安易な信頼は危険である。

　ルーマンは，『信頼』で展開した，信頼の社会的機能を否定しているわけではないが，その機能を引き続き認めたうえで，慎重にならざるを得ないと言っているのである。
　リスク・コミュニケーションにおいては，例えば住民参加によるリスク説明会などでは，しばしば"参加と合意"という名のもとに，"リスクと危険"という社会的次元の区別が隠蔽されている。
　このような状況を見るとき，ジンメルからルーマンを経て定式化された図式，すなわち，信頼は知と無知との混合物であり，信頼と不信の両方から成り立っているという論点が，改めて確認されなければならないだろう。

　しかし，不信に彩られた「不信の戦略」が社会的には非生産的だ

としたら，我々はどのようにして信頼と不信との割合を決めることができるだろうか。今日のようなリスク社会においては，他者を（システム信頼，人格的信頼の両方を含めて）信頼するにしても，あるいは信頼しないにしても，どちらにしても心理的には負担である。

かつてルーマンは，不信よりも信頼のほうが心理的な負担が少なく，したがって〈信頼／不信〉の二元図式においては信頼に優先権があると考えていたし，ギデンズはよりいっそうその傾向が強いが，今日もなおこの二元図式と信頼の優先権を採用することができるだろうか。

「最終的な確実性を措定することが不可能で，…あらゆることが別様でありうるならば，…そしてもし，現代人が次第に偶然性は克服できないと思うようになっているとしたら，人間には偶然性を克服しようとする動機があるのだ，と主張することの必要性は，たぶん，衰えてゆくだろう」(Pollack, 2008, S. 1011)。もしかすると，今の社会はもうどこかで「信頼」そのものを当てにしなくなっているのかもしれない。次項ではこの点について試論的に考察してみたい。

(2) 信頼と監視

『信頼』の中でルーマンは，今日の世界は倫理学的な行為原則を認めるにはあまりに複雑化しており，倫理的な思考様式を信頼問題にまで適用すべきかどうかは怪しくなっていると語っている (Luhmann, 1968, S. 114)。その後，幾つかの道徳論的考察を経て，ルーマンが道徳による統合を「断念」すべきだと考えたことはよく知

第3章　信頼のリスク

られている。

では，現代社会は道徳に替えて何によって社会を統合しているのか。もはや「統合」という言葉を使用することすら困難だが，皮肉にも，秩序維持に大きく貢献しているものの一つが「監視」である。

デュルケームからパーソンズに至るまで，社会学の基本的テーゼであった「人間と社会を道徳で統合する」という枠組みは，今やフーコー的意味での新しい統治のテクノロジーにその席を譲りつつある。それがデヴィッド・ライアンやロベール・カステルらの「監視社会論」の基本的論調である。

個々人に内面的主体性を道徳的に確立させ，これによって秩序を維持していた「規律訓練型権力」は，個人の外面的行動をモニターする「監視」という新しい統治のテクノロジーに置き換えられつつある。

もちろん監視だけで社会が成り立っているわけではなく，人格的信頼とシステム信頼も寄与しているはずである。しかしそれらは今や，これまで考えられていたような意味での信頼ではなくなりつつある。

問題なく日常生活が動いているうちは，我々はシステムの合理性に保護されて無自覚的にシステム信頼の中で生きている。受身で受動的なシステム信頼である。しかしながら，いったんリスクが意識されると，システム信頼はそれぞれの主題ごとに「リスク」化し，不安を生んでゆく。

一方，人格的信頼は私事化し，自分にとって重要な他者である人々との「親密圏」獲得・再獲得には努力しても，一般のストレンジャーには無関心である。リスク社会で社会的に問題とされる信頼は，主としてシステム信頼に関わる側面であって，私事化した人格的信頼については（家族などの親密圏以外では）主たるテーマとはならない。

人格的信頼はむしろ自由の領域に委ねられると言ってもよかろう。人格的信頼は私事化している――個人的人間関係において，信頼が依然として重要な位置を占めていることは明らかであるが。

ここに至って，信頼は道徳と似たような運命を辿りつつある。道徳・倫理は，個人にとっての反省的契機とはなり得ても，社会的合意からはかけ離れた場所に後退しつつある。

信頼は外見上，社会的〈監視と不信〉に分岐しつつあり，とりわけ監視に依存する度合いが高くなっている。もちろん信頼が消滅したわけではないが，私事的領域以外のシステム信頼は受動的で，それがうまくいっている間は意識されない。信頼が意識されるのは，リスクへの不安と不信が芽生えた時である。

（3）監視による迂回

個々人の倫理性や社会道徳を当てにすることの難しさは，監視のテクノロジーによって，いわば道徳を迂回する形で負担免除されている。監視は相手の内面を意識しなくてもよいという，当事者の心理的負担の軽減を可能にする側面を持っている。

監視は信頼のそもそもの基本的構造であった《信頼の二重性》

第3章　信頼のリスク

（信仰と信頼の二重性）と，《信頼のアンビヴァレンス》（信頼における，知と無知の両義性）を迂回している。

　プライバシーの侵害や管理社会などの多くの問題を孕みつつも，監視によってリスクをモニターし続けるという処理の仕方は，「信仰」の危うさと「知」の限界をやり過ごし，「不信」の心理的負担を回避することを可能にしている。皮肉な成り行きである。

　リスクはまさにそれがリスクであるがゆえに，現時点でその影響を見定めることはできない。だとしたら，知と無知とのアンビヴァレンスを抱えた信頼への，なかば信仰にも似た投企に賭けるよりは，事の成り行きをしっかりとモニターし，責任ある者達を監視することのほうが，より合理的に見えるとしても無理はない。

　もはや，中身の分からぬ因果関係やプロセス，真意の分からぬ相手への信頼に賭けるよりは，初めから監視にエネルギーを注ぐほうが社会的負担の総量は少なくて済むと，人々は考え始めているように思われる。リスク社会化の進行は，監視による息苦しさへの嫌悪よりも，排除すべき不安によって突き動かされ，次第に監視社会の様相を強めつつある。

　もちろんその場合にも，誰が監視するのか，監視の監視は誰が行うのかという問題が残る。また，どこまで監視すれば監視したことになるのかという，程度の問題も解決されはしない。更に，監視のゆきすぎは，信頼が機能するべき領域を枯渇させてしまう危険性もある。

　監視の功罪については，いわゆる「監視社会論」の中で様々な論

点が交錯しているが、監視を見る視点が分裂していることが、まさに、現代においては「信頼」が危ういバランスの上にしか成り立たないことを示している。

　システム信頼を欠かすことのできない機能分化した現代社会に必要なのは、不安を抑えるための安直な信頼を作り出すことや、不信を「合意の工学」で隠蔽することではないはずである。監視社会には暗い側面がつきまとうが、それでも信頼の頼りなさに賭けるよりは、監視のほうが結果として安全であると、人々が感じ始めたら、道徳がそうであるように、"信頼で社会関係を繋ぐ"ことは「断念」すべき時代が訪れつつあると言えるのかもしれない。

　今や、誰をどのような条件でなら信頼できるのかという基準は、人とその状況によって様々に異なっており、道徳がそうであるように、信頼もまた「社会的なもの」として成立する基盤を失いつつあり、個人にとっての特殊な価値観の一つになりつつあると言うべきなのかもしれない——たとえ、個人的にはそれがどれほど重要であるとしても。

　しかし、リスク社会における新たな「個人と社会」の関係性という観点から見るならば、それは決して悲しむべき事態ではないはずである。

小括　「個人」という問いへ

　これまでの各章で述べてきた事柄は、現代社会における〈個人と社会〉の関係をどのように構想するかという、理論的な図式設定に関わっている。

第3章　信頼のリスク

　個人と社会の関係が，これまでの近代社会や，それを分析対象としてきた社会学の理論前提とは異なり，新たな形で構想されねばならないとしたら，それはどのような根拠に基づいてなのか。以下の二つの章では，この点を明らかにすべく，"個人とは何か"という問いに焦点を当てながら，個人と社会の関係性について検討したい。

　「個人」という概念を根本的に捉え直すことは重要である。現代社会に顕在化しつつあるディアボリズムは，個人がシンボリックに社会に包摂されるという，近代社会の理論的・現実的前提を覆すものだからである。

　親密圏のディアボリズムも，公共圏のディアボリズムも，その根底には，「個人化」に伴う，個人と社会の新たな関係性の形成という現実がある。この点を押さえねば，進行しつつあるディアボリックな社会情勢の根本を捉え損なうであろう。

　リスク社会の現実は，科学技術の逆説や事故・災害などの側面と，労働と生産ならびに生活上の様々な困難という社会的な側面の両方を伴って進行している。その背景にあるのは，ベック＝ギデンズ的な表現をすれば，「再帰的近代」における様々なレベルでの"境界線の引き直し"である。

　グローバル化による国民国家という枠組みの変化，コミュニティと生活圏のズレ，会社や官僚制などの近代的組織の組み直し，科学的予測と検証が有効である範囲の再設定，家族形成や人間関係における親密性の変容等々である。

第3節　信頼の構造転換

　しかし，これらの社会的境界線の引き直しとは別に，忘れてはならない更に重要な論点がある。それは個人と社会の関係についての新たな境界設定であり，「個人」という存在を，社会との関係でどのように位置づけ直すかという問いである。

　これまでに繰り返し述べたように，シンボリズムの浸透によって個人を社会に包摂し，"社会的共有価値を内面化した諸個人が，社会秩序を再生産してゆく"という構図は崩れつつある。そこにリスク社会が現出しているのであるが，個人と社会をシンボリックな包摂関係ではなく，ディアボリックな論理で再規定するには，どのような理論モデルが必要なのか。

　この問題に接近するためには，「個人」とは何か，何であったのか，どのようなものになろうとしているのか，という問いと向きあうことが求められる。近代社会が"発明"した「個人」と「社会」の概念は，どちらも「社会の終焉論」や「個人の終焉論」に晒されているが，なくなってしまうわけではなく，むしろ，近代社会とは違う形で強化されているとも言える（――この点については［三上，2010］で指摘したのでここでは割愛する）。

　「社会」がその社会的外在性や拘束性を強めつつある姿は，「マクドナルド化」や「監査社会」に見られるグローバル・スタンダードの浸透，監視社会化の進行，諸システムと組織のマニュアル化などに見ることができる。

　では，「個人」はどのようにして自らの境界線を引き直しつつあるのか。それは近代社会が想定していた個人とどのように異なるの

第3章　信頼のリスク

か。そしてそれは，社会に対してどのような関係に立つのか。このような形で個人の概念を再検討することが，逆に社会というものの輪郭を明確化することにも繋がるのではないか。現代社会においては，「個人」（あるいは個人と社会の分離）こそがディアボリズムの基点であると考えられる。

個人化する個人

第4章

序

　そもそも個人という概念はどのようにして，いつ形成されたのか。その思想的由来や歴史の全体を辿り確かめることは難しい。そして，個人と対置される社会の概念もまた，その意味的広がりは多様である。

　社会をどう捉えるかによって個人の概念も多様化せざるを得ない。社会学はその狭間に成立した学問であるが，そこでの個人の概念は相対的に低い地位に甘んじてきた。

　社会学においては，個人と社会の関係を捉えようとする視点として，方法論的個人主義と方法論的集団主義が対比されてきた（──どちらも，個人と社会を結びつけようとする論理であり，この際に，個人と社会のどちらを出発点とするかの違いにすぎないが）。

　前者では，個人こそが真に存在するものであって，社会は個人的活動の結果として生み出された仮象に近い存在となる。個人を重視する立場として，マックス・ウェーバー（M. Weber）のように，個

第 4 章　個人化する個人

人が特定の目的をもって遂行する行為（目的合理的行為）の連鎖から社会を説明する立場に立つとしても，それはあくまでも社会関係を説明するための理論であって，個人それ自体はきちんと説明されないままである。

むしろ，方法論的集団主義に依拠するデュルケームのような，個人を超えた社会の外在性や拘束性を強調する立場のほうが，個人についての説明を多く提供している。

奇妙なことだが，「個人的人格の社会学を提唱したわけではないにもかかわらず，個人的人格の研究プロジェクトに正当性を付与しインスピレーションを与えてきたのはデュルケームである」(Cahill, 1998, p. 132)。

本章ではまず，社会学において個人がどのように扱われてきたのかという点から，個人と社会の「と」の論理の一方にある「個人」の位置と，その現代的意味について考えたい。

第1節　個人の個人化

(1) "個人化" する個人

社会学的な個人"主義"論としては，すでに幾つかの研究が知られている（Lukes, 1973, Dumont, 1983など）。それらは，思想としての個人主義の由来や問題点を指摘したものであるが，個人それ自体を問うているわけではない。

社会学的"個人"論の原点として，ここで検討しておかねばならない古典的業績は，ノルベルト・エリアス（N. Elias）の個人化論

第 1 節　個人の個人化

と，マルセル・モース（M. Mauss）の個人論である。

　エリアスは『諸個人の社会』（1987 年）所収の，それぞれに執筆された時期の異なる三つの論文において，示唆的な論点を提供している。

・古代ギリシャ・ローマには，現在の「人格」や「個人」という概念と等価な言葉は存在せず，特定集団の一員であることを超えた「普遍的存在としての個人の概念は，その必要性が頭をもたげることはなかった」（Elias, 1987, S. 212f.）。

・そしてその後，まだ人間に関係していなかった中世の"個体"概念（Individuum）が，ルネッサンス以降のヨーロッパでは，人間の個別性を表すようになり，「自己意識のより高い段階に」進んだ。以前よりも，人間が祖先伝来の集団から離れて，比較的高い社会状況に移ることができるようになったからである。

・それゆえに，デカルトの「我思う，ゆえに我在り」は，人間の自己像において，「我々アイデンティティ」が「我アイデンティティ」を覆っていた状態から，「我アイデンティティ」が「我々アイデンティティ」を覆うようになるという，強調点の移動を推進した（ebd., S. 263）。

　17 世紀にデカルトによって開始された，この強調点の移動は，次の時代には，18 世紀から 19 世紀にかけての近代的個人主体の確

第4章　個人化する個人

立に向かい，19世紀後半には「社会」概念が形成・彫琢されてゆく。

その際に〈我々―我―バランス〉が顕著な変化を見せ，「人々が，互いに共通して持っている〈我々アイデンティティ〉よりも，自分と他者を区別する〈我アイデンティティ〉に高い価値を与えること」が社会の構造的特徴的となった（ebd., S. 210）。

これは同時に，「資本主義的な〈所有の個人主義〉の産物として…，諸個人がおのおのの能力と技術によって生きるとみなされるがゆえに…，個人と社会との分離を作り出した」（Burkitt, 2008, pp. 2f.）という社会情勢の反映でもあった。

個人の概念は，産業革命に伴う個人単位の労働と賃金，個人単位の所有，個人の人生を構想することなどとともに形成された。その後，封建的義務と拘束から逃れて自由意志によって生きることになったはずの個人が，19世紀には，封建時代とは別種の新たな「個人を超えた」義務や拘束，保護・保障と出会った。そして，身分・血縁・地縁とは異質の，「社会的」という概念を要請した。

これとは別に，そもそも近代的個人の概念がどのようにして成立したのかについては，『社会学と人類学』（1950年）に収められたモースの論文「人間的精神の一カテゴリー：人格の概念，自我の概念」が，その後の多くの社会学的研究の範例的存在となっている。

〔1〕「自我」という哲学的用語と概念，ならびにその尊重（他者の尊重も含めて）が最近のものであるということ。

〔2〕「人格＝自我，自我＝意識」であり，かつそれが最も重要なカテゴリーであるという考えが確立されて，この概念が正確な形態をとるのはカントにおいてである。

〔3〕そして，カントが解決しなかった自我（moi/das Ich）の問題に最終的回答を与え，意識のあらゆる事実は自我の事実であるとしたのはJ・G・フィヒテである——「そのとき以来，心性の大変革が成し遂げられ，我々のおのおのが自分の「自我」を有することとなったのである」（Mauss, 1950, pp. 360f.）。

(2) "主観"という客観化

チャールズ・テイラーが『自我の源泉』（1989年）で示したように，デカルト以降，個人主義的な人間観は啓蒙主義とロマン主義に分岐し，啓蒙主義は，カントに結実する理性的で超越論的な主体の概念を彫琢した。一方，ロマン主義者は，J‐J・ルソーのように，自己表出を重んずる"表現主義者"（expressivist）となった。

この歴史は，自己（self）が個人の内面に位置づけられる歴史＝「内面化」の流れであった。そして「今日における自己への回帰は，不可避的に一人称的観点における自己への回帰であり，自分それ自体への回帰である」（Taylor, 1989, p. 176）。テイラーはそれをラディカルな再帰性（radical reflexivity）と呼んでいる。

エリアスはこのような個人の歴史を「社会とは，人間を均一化し典型化するものであるのみならず，人間を個性化するものである」

第4章　個人化する個人

とジンメルを思わせる表現で総括し，選択の自由の拡大はリスクの増加も伴うが，「個人がより高いレベルの個性化（個人化）へと向かう社会的発展が開かれている」と結んでいる。

このエリアスの指摘をより正確に理解するために，我々は，ジンメルの先駆的業績を参照せねばならないだろう。

ジンメルによれば，物事や社会関係を客観的に見ることが，自分自身をも客観的に見る（主観的な統一的存在として捉える）ことに繋がる。我々自身にとって自らが「一個の主観的統一として現れるのは，後天的に形成した客観性の概念をもってこれに近づくからであり」，主観という意識それ自体が一つの客観化の産物である。

「主観と客観のこのような進化論的関係は，…近代において，自我概念の完全な深さと鋭敏さをもたらした」(Simmel, 1900, S. 30f.)。

ジンメルにおいては，個人化は，社会分化プロセスの相互作用の中で生ずる，自己分化のプロセスと見なければならない。（個性的）個人は「自らを意識として，すなわち〈個人であること〉として構成された」構造物として捉えられる（Biesenbach, 1988, S. 29）。

つまり個人の自己意識は，近代化とともに再帰的（反省的）な複合性を高進させて，一個の閉じたまとまりを形成し，現代社会では，より先鋭な主観的統一性＝意識システムの閉じを形成するに至ったと考えることができる。

第2節　個人化論

(1)「第二の近代」と擬似主体

エリアスの言う,「個人の個人化」は,どちらかと言うと「個人の個性化」というニュアンスを持っているが,現代の個人化論における議論の焦点は,個々人が個性化することよりも,個人が社会的なものと「切れて」いる点にあると見られる。

いわゆる「ポストモダン論」のように一方的に個性化を論ずるのではなく,すでに十分に個性化している諸個人が,次第に社会から離れてゆくという感覚が,新たな問題意識を喚起している。個々人が「閉じた」意識をもって社会から隔てられつつあることに,理論的重心がある。

もともと社会学は,その成立の当初から「個人と社会」との関わりがいかなるものであるかを問い続けてきたが,多くの場合,社会に個人を包摂し,社会的規範を内面化した個人を想定することで,社会秩序が成立すると考えてきた。

そこでは個人と社会を「結びつける」ことが中心的テーマであり,これを可能にするために,共同体・連帯・共有価値・役割・行為などの様々な概念や理論的装置が考案された。それらが引き継がれて20世紀社会学の主脈を形成したのであるが,現在の個人と社会は,これまで社会学が考えてきたような仕方で結びついているだろうか。

近年になって興隆しつつある「個人化論」は,社会の終焉論*

第4章 個人化する個人

("社会"を想起することの困難と,社会概念の曖昧化,社会的連帯の弱体化)と並行して論じられているが,この個人化論はどのような形で社会の終焉論と両立しているのか。

> **＊社会的なものへの問い**
>
> 近年,「社会的なもの」(the social)とは何かについての議論が盛んになりつつあるが,「社会とは何か」という問い自体は新しいものではなく,『社会とは何か』(Frisby/Sayer, 1986)や『社会の発見』(Collins/Makowsky, 1972)などの形で学説史的に提示されていた。
> しかし,これらと近年の論点との違いは,現在進行しつつある「社会的なもの」についての議論では,「社会的なもの」が喪失されつつあるという現実認識が先行している点にある。

一般に近年の「個人化論」と呼ばれている理論は,ベックやバウマン(Bauman, 2001)の理論に代表される。伝統的集団からの解放としてあった「第一の近代」の個人化に対して,個人を包摂していた様々な近代的な中間集団(家族・地域・学校・組織・会社・階級など)から,更にまた個人が解き放たれるのが「第二の近代」における新しい個人化である。

諸個人は固有の自律性とより多くの選択権を手にすると同時に,様々な新しいリスクと直接に向きあわねばならず,それを避けて通ることはできないという「運命」としての個人化が到来しつつある,という時代診断である。

ベックの個人化論は「リスクの個人化」と「擬似主体」(Quasi-Subjekt)の二点から構成されているが,さしあたりここで問題とす

るのは後者の意味での個人化である。「第二の」近代における個人主体を,これまでの第一の近代とは異なる主体として位置づけるものである。「個人はもはや固定的な不変の主体ではなく,《擬似主体》と見なされるべきである。…それは,自分自身と自分の生活史の作者であり擬制（フィクション）的決定者である」(Beck/Bonß/Lau, 2001, S. 44)。

ギデンズなら「再帰的モニタリング」（自分自身のモニター）の主体と呼ぶこのような擬似主体は,擬制的なもの（フィクション）でありつつも,新種の主体性と個性を持った自律的存在であると見なされている。

個人は,封建社会の中で埋め込まれていた身分・親族・伝統的共同体などから自由になった後に,近代的諸集団に「再埋め込み化」されたが,そこから再び「脱埋め込み化」されつつある。

それゆえ,ベックの言葉を借りるなら,これら国家や階級,家族などの「第一の近代」に形成されたカテゴリーは,「個人化によって,すでに死んでいるが,依然として生き残っているゾンビカテゴリー」となっている (Beck/Beck-Gernsheim, 2002, p. 203)。

理論的には不満が残るとはいえ,確かにそこで指摘されているように,新たな個人化においては,もはや個人は何らかの集団によって説明される存在ではなくなりつつあり,その意味では個人というものが,純粋に個人の意識とパフォーマンスによって成り立つカテゴリーとなりつつある。それゆえにまた,自己の行為に対しては,自分のみが自己責任を負わねばならない。

それは，何らかの集団に所属するのではない「個人」そのものが，「初めて，社会的再生産の基本的単位となった」(Beck/Willms, 2004, p. 63) 社会であるとも言える。初めて，単なる社会の構成単位ではないような個人が生み出されているということになる。

(2) Individuum と Dividuum

しかし，ベックのように，個人 "Individuum" (individual) を "Dividuum" (dividual) と規定し直すのはどのていど妥当と言えるだろうか。

ベックは，個人 "In-dividuum" (分割不能なもの) を "Dividuum" (分割可能なもの) と規定し直そうとしている。「個人は分割不能なものではなく，まさに分割可能なもの，すなわち "Dividuum" である」(Beck/Vossenkuhl/Ziegler, 1995, S. 44)。

アイデンティティの拡散や「分裂症的」(G・ドゥルーズ) 自己イメージが問題にされてすでに久しく，現代人の振る舞いが状況主義的に拡散したものであるという点については，大筋で納得の得られる部分であろう。しかし，本当に個人を "Dividuum" と考えてよいのだろうか。

「分割可能」とは，個人が，状況に応じた振る舞いの集合体として自己をイメージすることであるから，統覚（自己の意識を統一する作用）としての自己＝「私」が失われているわけではない。もしその統覚としての「私」が本当に分割されたら，それは端的に精神の病という範疇に入るものである。ベックとてそのような統覚とし

第2節　個人化論

ての「私」が存在しないなどとは考えていない。

　多元的であらざるを得ないにもかかわらず，ベックの議論では，諸個人は一つの自分を構想しコーディネイトすることを求められており，それゆえにこのような自己＝主体は擬似的であらざるを得ないということになる。

　この考え方は，ジンメルがずっと以前に，「社会圏の交差」として個人を位置づけていたことと類似している。100年前のジンメルの時代には，様々な社会的役割や職業的地位などは，個人において交差して収斂すると想定できた。

　しかし，ベック的な主体が擬似主体である理由は，ジンメルの時代よりも社会圏が拡大・交錯し，交差の暫定性や流動性が飛躍的に高まったものとして認識されているからである。現代は，諸個人がそのような擬似性を受け止めつつ，自己コーディネイトの主体であることを求められる時代であるという状況認識が，個人化論にはある。

　だが，多様化し流動化している一方で，近代的主体とは異なった意味で，現代人の自己意識は，ルーマンの言い方をまねれば，「閉じている」とも言える。

　現代人の意識の大きな特性は，一方で状況主義的に開かれた融通無碍な複数の自己を操る能力を持つ面と，他方での，強烈なナルシシズム的自己意識と，自己の感性に対立するものへの抑えがたい否定的感情の同居にある。そのような閉じた自己意識をも有しているという意味では，我々の自己イメージは決して「分割可能」ではな

第4章　個人化する個人

く，分割不能＝In-Dividuum でもある。

　ベックにおいては，個人の自己意識が「閉じつつ開いている」ことがルーマンほどには理論化されておらず，個人も社会も，共に境界線が曖昧になったというだけで，結局は，近代社会学的図式＝〈個人と社会の結びつけ〉が流動化したという主張に終わってしまう。個人は新しい可能性に向けて開かれた存在となるが，きちんと論じられないままに放置されることになる。

第3節　〈包摂・内在〉型から〈分離・接続〉型へ

（1）デュルケーム＝パーソンズ図式

　ベックやギデンズには独特の理論的曖昧さと甘さがあり，バウマンには，いちばん含蓄のある難しいところ（例えば「ポストモダン倫理」*）をきちんと語らないという憾みがある。

　とはいえ，ベックの個人化論には学ぶべき所が多く，現代社会の動きを的確に捉える視線は有益である。そこで，もう少しベックに沿って議論をし，これを手掛かりとしながら，個人と社会を巡る現代社会学理論の課題と輪郭を明らかにしてゆきたいと思う。

　ベックの所論は，学説史的には〈デュルケーム＝パーソンズ図式〉からの本格的離脱という大きな流れの上にあると理解される。
　よく知られているように，デュルケームは社会を一個の（分割不

第3節 〈包摂・内在〉型から〈分離・接続〉型へ

> **＊ポストモダン倫理**
>
> バウマンは，その卓越した現代社会論にもかかわらず，個人と社会の関係については，曖昧な「ポストモダン倫理」を想定するに留まっている。「近代の立法者や思想家は，道徳性というものをデザインして人間に注入すべき何ものかであると捉えていたし，包括的で統一性のある倫理を構想しようとした」(Bauman, 1993, p. 6) として，道徳的統合を重視するデュルケーム社会学的な秩序観を批判している。
>
> バウマンは，社会一般や抽象的意味での人間ではなく，目の前にいる，「顔」を持った具体的他者と，そのような他者に向けられた道徳的責任を出発点として，そこに人と人との関わりの祖型を見ようとしている。しかし，哲学者 E・レヴィナスの語彙を用いて語られるせいか，今ひとつ社会科学の土俵に乗ってこない。

能な)「道徳的」共同体（共有された道徳規範によって成り立つまとまり）として捉えていたし，パーソンズはデュルケームの規範主義的観点を引き継いで，社会的な「共有価値」と，それを「内面化」した「主意主義的行為者」（自らの意志に基づいて主体的に行為する個人）によって社会秩序を構想していた＊。

20世紀社会学を主導した，このマクロな社会理論的観点は，同時代のミクロな個人意識の理論にも浸透しており，E・H・エリクソンの「アイデンティティ」（自己同一性：self-identity——いつも同じ一つの自分，プログラム化された個人）という考え方は，この時代の社会理論と同じく，中心と頂点のある個人と社会のイメージから成り立っている。

第4章　個人化する個人

> 📖 ＊デュルケーム＝パーソンズ図式
>
> 　パーソンズは，初期社会学の代表的理論家であるウェーバーの方法論的個人主義と，デュルケームの方法論的集団主義を総合した，20世紀なかばの理論家として知られている。ウェーバーにおいては，社会関係の起点は個人にあり，個人は，自らの意志に基づいて，自由に目的を設定し，合理的な手段選択をしながら行為する。近代人の行為を特徴づけるのは，このような意味での「目的合理的行為」である。
>
> 　デュルケームの場合には，個人は社会によって説明されるべき存在であり，個人を超えた社会的な義務や拘束，社会への愛着などが，社会を一つの道徳的な共同体としてまとめ上げている。
>
> 　パーソンズはこの二つの立場を総合して，デュルケーム的な社会的価値規範（共有価値）を内面化した諸個人が，ウェーバー的な主意主義的行為者として行為することによって，社会秩序が維持・再生産されると考えた。
>
> 　本書では，パーソンズによるこの理論構成の根幹が，デュルケーム的な共有価値の内面化という，規範主義的視点の継承にあると見て，"デュルケーム＝パーソンズ図式"という呼び方をしている。

　ベックが批判する「社会のコンテナ理論」＊に収納されていたのは，このような，中心と頂点のある，個人と社会についての同型的理論である。それらは，共有価値によってコントロールされる機能分化した社会と，アイデンティティの核によってコントロールされつつ社会的価値を内面化し，自由でありながらも社会によって包摂される個人とから構想されていた。

　しかし忘れてはならないのは，デュルケームが個人と社会を別個のリアリティとしながらも，それらを結びつけようと苦心したこと

第 3 節 〈包摂・内在〉型から〈分離・接続〉型へ

> ### ＊社会のコンテナ理論
>
> ベックの言う社会のコンテナ理論とは，一切合財を国民国家という枠組み＝コンテナに詰め込むタイプの社会理論を指している。近代社会は「あたかも一つのコンテナに保管されるように国民国家の権力空間の中に保存されている」のであり，「社会も社会学も，国民国家を社会と同じものとみなす〈領土の罠〉に陥っている」(Beck, 1997, S. 52)。
>
> 近代社会に関する学問であった社会学は，まさに 19 世紀から 20 世紀にかけて，ヨーロッパで国民国家が成立する時代に形成された。それゆえに社会学と国民国家の繋がりは深く，社会学における「社会」とは国民国家のことであり，従来の社会学における「社会」の概念は「方法論的ナショナリズム」に依拠するものだとベックは主張している。

である。その後の社会学も，その努力を継承してきたし，それは近代産業社会の要請でもあった。

ベックとギデンズが言う意味での「第一の近代」においては，社会が個人を包摂し，共有価値が個人に内在化されるという，予定調和的な〈包摂・内在〉型の理論構成がとられていた。フーコーが指摘したように，規範化と標準化によって，個人は社会の形に合わせて内から成型される主体としてあった。

個人よりも社会に理論的負荷を課し（それゆえに「社会学」であり），個人の行為をも社会的に説明しようとする理論モデルである。そこでは「社会」概念に過剰な負担が課されている。

第4章　個人化する個人

　ところが，グローバル化と個人化によって，それまで包摂的一体性を保っていた個人と社会が反対方向に離反し始め，ベックによれば，先にも述べたように，「歴史上初めて，個人が社会的再生産の基本的単位となった」。

　ベックのこの指摘は，ベック自身の期待とは反対に，個人と社会が分離し始めていることを予感させる。ルーマンも，個人は社会システムの構成要素ではないと述べているが，ルーマンにおいては，《個人＝内的意識のシステム：社会＝外化されたコミュニケーションのシステム》という形で明確に区別されている。

　それに対してベックの場合には，個人は概念的にやや中途半端な，擬似的かつ分割可能な"主体"（Dividuum）であって，ポスト社会的な社会概念もまた，何を構成要素とするのかが明確ではない。そのせいで，個人と社会はどのように区別，もしくは結びつけられるのかが明らかではない。

　いずれにせよ，現状認識としては，今やデュルケーム＝パーソンズ的な図式（共有価値と，それを内面化した自律的個人）を離れて，個人と社会は共に固有性と自律性を獲得しつつある――それぞれに独自の構成原理のみに基づいて自身を再生産してゆく――と言えるのではないか。

(2)「第二の近代」という細道

　それならば，ベック＝ギデンズ的な立場からは，個人と社会の両立（境界線引き直しの時代と擬似主体）はどのようにして可能になっているのか。ベックの個人化論の全体的構図は，表向きはデュルケ

第3節 〈包摂・内在〉型から〈分離・接続〉型へ

ーム=パーソンズ図式からの離脱と見えた。しかし近年のベックに見られるデュルケーム寄りの姿勢から判断すると，ベックの理論は次第にデュルケーム=パーソンズ図式に回帰しつつあるようにも思われる*。

> *ベックとデュルケーム
>
> その点が分かりやすい形で現れていたのは，2010年にベックが来日した際に開催された『個人化する日本社会のゆくえ―ベック理論の可能性』（2010年10月）での講演である。
> ここではデュルケームの『個人主義と知識人』（Durkheim, 1898）が大幅に引用され，本文で後述するようなデュルケーム的観点が際立っていた。
> ベックがこのようにデュルケーム寄りの姿勢を明らかにするのは珍しい。ただ，講演資料にあったこの部分は，実際の講演では時間の関係で省略され，シンポジウムを収めた『リスク化する日本社会』（ベック・鈴木・伊藤編，2011）にも，この部分が収録されていない。
> ベック自身も明確に「私はデュルケミアンではない」と言い切ったので，一定の留保は必要であるが，筆者からの問いに対しては，「デュルケームのヴォキャブラリーを自分の理論にきちんと位置づけることが今後の課題である」と回答していた。

ここには，個人の自己編集能力への期待と，「コスモポリタニズム」（世界市民主義）という規範的前提がうかがえる。ベックはグローバル化とコスモポリタン化とを区別し，前者は，ネオリベラリズム的な世界市場の形成とボーダレス化を表すにすぎないが，後者は，多様なトランス・ナショナルな生活形式の増加を背景とした，多元的な公正さの誕生を含んだものだと考えている。

そのうえで更に，コスモポリタン化とコスモポリタニズムを区別

して，前者は現実のプロセスであるが，後者は哲学的・規範的概念であるとして，自らはコスモポリタニズムに与するものではないと力説している。

そう区別はしながらも，ベックは「第二の近代」のコスモポリタン化（あるいは新しいコスモポリタニズム）を基礎づける理論としてデュルケームに回帰し，弱められたパーソンズ・モデルとしてそれを提示しているように見える。

自分の立場が手垢にまみれた"コスモポリタニズム"ではないと述べているが，実際にベックが主張していることは，（新しい？）コスモポリタニズムを志向しているように見える。

もちろん，これもまた社会学の理論史を踏まえたものであるはずである。ジンメルは「高度に分化し，多様な活動をする人間ほど，コスモポリタン的な感情と信念を持つ」(Simmel, 1890, S. 110) と考えていたし，ベックはデュルケームに，「人間性の宗教」("religion de l'humanité": Durkheim, 1898, p. 271) の理念とコスモポリタン化の結合という，理論的先駆性を見ている。

ベックは個人と社会を，コスモポリタニズムと「人間性の宗教」（誰もが人間として備えている普遍的特性に対する，近代人特有の信仰）によって架橋しようとしているのか。もしそうだとしたら，それはプログラム性（規範化，標準化）を緩められたデュルケーム＝パーソンズ・モデルに他ならない。

もちろん，それが悪いというわけではないが，もしそうならば，理論構成としては，特に新しいものではないことになる。

第3節 〈包摂・内在〉型から〈分離・接続〉型へ

近年の個人化論の多くは,「第二の近代」における個人化の進展を踏まえて,「社会」概念が過剰に負っていた理論的負荷（"社会"が"個人"をも説明せねばならない）をいったん個人に移し,個人の概念に理論的負荷を課す方向にシフトさせているようである。「自己責任」論の横行は,その現実的現れである。

ミクロには,これはエリクソン的アイデンティティ・モデルの脱中心化であり,可変的となった個人に,より多くの選択と責任の能力を課そうとするものである。そうしたうえで,ベックはそれをもう一度,緩やかなコスモポリタニズムという規範的要請によって架橋しようとしているように見える。コスモポリタンとしての個人が,「ポスト社会的」な社会概念（国境や様々な境界性を超える,脱領域的な新しい社会概念）と両立するための理論的装置として,ベックの個人化論の基礎には,緩やかなデュルケーム＝パーソンズ・モデルが想定されていると言えそうである——ベック自身は否定するだろうが。

そういう意味では,「第二の近代」の社会理論という名称もふさわしい。「第二の近代」の理論は,近代の社会理論の祖型（デュルケーム＝パーソンズ・モデル）を踏まえつつ,「第一の近代」の理論が持つ硬直性を,再帰性*という経路で弱め,社会よりも個人に理論的負荷を課すという方向で現状をうまく説明している。まさに「第二の近代」と命名される移行期の理論モデルとして,適切であるとも言える。

第4章　個人化する個人

> **＊再帰性（reflexivity）と自己言及**
>
> 　一般に「再帰」とは，あることの結果が自らに再び降りかかってくることを意味している。ベックやギデンズの言う再帰性には二つの側面がある。一方は，社会的レベルでの変動や科学技術の発展が，それを生み出した社会自身に様々な影響をもたらすという客観的側面である。他方は，個人や集団的レベルでの「反省」や自己モニターという主観的側面である。
>
> 　ベックの場合，客観的側面は，近代社会の生んだ諸制度や改革が，それ自体の反作用によって様々な問題を生み，近代自身の生まれ変わりを要求するということを意味している。また，主観的側面は，個々人が自らをモニターし，自己点検と自己編集を繰り返しながら新たな自分を創ってゆくことを指している。
>
> 　再帰性には，これと類似した用語が幾つか存在するが，「自己言及」「自己準拠」などという言葉もよく用いられる。原語は，英語ならば self-reference であり，自分自身に依拠した再帰的な関係を指している。
>
> 　ベック＝ギデンズは再帰性という用語を好み，ルーマンは自己言及という用語を使用するので，本書でも，それぞれの文脈に応じて使い分けている。

(3) 〈包摂・内在〉〈分離・接続〉

　後に詳しく検討する，ルーマンに典型的に見られるような〈分離・接続〉型に対して，ベックがデュルケーム＝パーソンズから（意識せずに）引き継いでいる〈包摂・内在〉型の個人化論は（ベックの理論は〈参加・編集〉型と呼ぶほうが適切かもしれないが），その規範主義的（に見える）前提の意義をどのていど説得的に論証できるのか。

第3節 〈包摂・内在〉型から〈分離・接続〉型へ

　ルーマンの場合には，個人と社会は分離しており，それゆえに独特のメディアとプロセスによって接続される。諸個人はそのつどの必要に応じて，他者や特定システムとコミュニケーションによって接続されるのであり，個人と社会の関係という意味では〈分離・接続〉型の理論構成をとっていると言える。

　ベックはルーマンとは異なる観点に立っているが，〈分離・接続〉型に向かう可能性を否定する根拠はどこに求めればよいのか。エリアスが言う「個人の個人化」と，デュルケーム的な社会の「創発特性」（個人には還元できない，社会の固有の特性）とは，今どのように再び結びつけることが可能なのか。

　もし，「人間性の宗教」（É・デュルケーム）のような，誰もが人間として備えている性質に社会性を還元するならば，ベックの言う「擬似主体」は（エリクソン・モデルのようなプログラム化されたアイデンティティ人間ではないにしても）それ自身の内で（個人とは異なった存在であるはずの）「社会」を構成するように求められる。「人間」であることそのものに連帯の可能性を求めるとすれば，それは主体性のユートピアに至る（あるいは回帰する）のではないか。

　ここでその姿勢を否定するつもりはないが，真に「近代」社会学の理論的前提を問い直そうとするならば，もっと違った理論モデルが求められるはずである。この点については，後に検討するが，さしあたり，我々はエリアスの「個人化」という用語を，より慎重に，一般的かつ現代に即した形で，"個人の意識システムの〈自己言及的高進〉"（自己意識が，自己内で，よりいっそう完結的に高進す

117

第 4 章　個人化する個人

ること）という意味で用いるべきではないだろうか。

第 4 節　個人化と社会学

（1）『ゲマインシャフトとゲゼルシャフト』再考

　モースも指摘していたように，「デュルケームが扱った『社会分業論』の社会は，すでに個人（又は自己）が思考の基本的カテゴリーとなっていた社会である。それゆえデュルケームにおいてもウェーバーにおいても，Who am I ? ではなく，Who are we ? を問うことが社会学のテーマとなる」（Burkitt, op. cit., pp. 15f.）。

　社会学は〈人と人との結びつき〉を明らかにし，その最終的審級を「社会」と呼んできた。これまでの考察を踏まえて，個人と社会が置かれている現代的状況を念頭に置くならば，前提となる関係性の想定は変更されねばならないのではないか。もともと結びつくはずだという想定は棄てねばならないだろう。

　これはテンニースが規定した「あらゆる結合にもかかわらず，本質的に分離し続ける」，「擬制的（フィクション）で有名無実」な存在としての《ゲゼルシャフト》に立ち返って，〈ゲマインシャフトとゲゼルシャフト〉（共同社会と利益社会）という区別を問い直すことでもある。

　テンニースの『ゲマインシャフトとゲゼルシャフト』（1887 年）は，個人と社会の〈結合／分離〉のあり方を再検討する際の，理論上の重要な出発点である。「あらゆる結合にもかかわらず分離」し

ているゲゼルシャフトと「あらゆる分離にもかかわらず結合」しているゲマインシャフト（Tönnies, 1887, S. 43）という，二つの抽象化された社会類型の性格規定は今も妥当であろうか。

　エリアスが指摘した〈我々—我—バランス〉が大きく変化する時代の節目を，個人と社会の結びつきという点から新たに類型化しようとしたのが『ゲマインシャフトとゲゼルシャフト』である。そういう意味では，テンニースの仕事に注目しておく必要がある。
　テンニースにおいては「本質意志（Wesenwille）」と「選択意志（Kürwille）」という意志形式の根本的相違から二類型の特性が導かれる。やや簡略化して要約するならば，本質意志は結合それ自体を求める意志であり，選択意志のように特定の目的を達成するために働くものとは異なる。テンニースはこのような二つの意志形態を前提することから社会を二類型（共同的社会と資本主義的利益社会）に分類することになる。
　だが，それは近代社会を捉えるための二項対立的アイデアを提供したということだけではなく，本論の視点から見るならば，個人と社会との関係を，ある思想的偏向に向けて措定したとも考えられる。

(2) 個人と集合体
　『ゲマインシャフトとゲゼルシャフト』に関するルーマンの評価は高くない。ルーマンは，これは19世紀に出現した，個人と集合体の関わりを考えるうえでの硬直した二分法の一つであり，萌芽期の社会学ではそれ以上に展開する余地がなかったと見ている。

第 4 章　個人化する個人

　そして，その後に続く「真正の社会学的伝統の成立は，個人か集団かのどちらか一方のみを選んだり，性急にいずれか一方を選択したりしないで，両者を区別しておくことにあった」(Luhmann, 1981, S. 247) と言う。

　社会学の形成期に，個人と集合体は，連帯や共同，正当性，合理性などの，社会学にとって前提をなす重要な諸概念によって媒介された。それらの「前社会学的諸概念が，個人と集合体を媒介することができるように，理論構造が変更されたのである」(ebd., S. 248)。
　その際にウェーバーは個人の権能を強調し，デュルケームは個人と集合体が相互に強化しあうという図式をとった。

　この点に関するルーマンの要約は概ね妥当である。
・当時のドイツにおいては，個人を世界経験の主体とする解釈が進んでいたから，個人と集合体の差異を克服しようとする問題設定において，ウェーバーが個人と反対の方向をとることは困難だった。結果として，個人と集合体の関係は，ウェーバーの主要なモチーフにはなり得なかった。

・デュルケームの場合には，個人と集合体は相互に強化しあう関係にあると捉え，近代社会においては，個人的個性の実現と国家による集合的規制とが，同時に実現可能であると考えた。ただしその代償として，デュルケームにおいては社会の概念に過剰な負担が課されている──（社会とは異なる存在である個人を，社会によって説明する）。

第4節　個人化と社会学

・ジンメルはやや例外的である。当時の社会学は個人と集合体という二分法からは遠ざかりつつも，全体社会を準拠枠として取り上げることを基本的特徴としていた。しかしジンメルは全体的枠組みからは出発せず，「いかにして社会秩序が可能となっているか」という問題設定を掲げ，社会的なものに関する一般的理論を作り上げようとした。それゆえ傍流であった。

ルーマンの整理の仕方はやや一方的な印象を与えるかもしれないが，そうではないことを，他の理論家で補っておこう。

ローランド・ロバートソンは「ドイツの場合には，独立の存在として捉えられる個人と社会の，どちらかというと，個人がその行為に込めた意味的な連関に焦点が当てられたが」，デュルケームのフランス的伝統では，「相互作用の手続きは社会的に供給されるのであって，相互作用の（個人的）偶発性に由来するものではなかった」と指摘している。

古典的社会学の時代に最も顕著に個人と社会の関係に志向したのはジンメルであったのだが，デュルケームにとっても「中心的課題は個人と社会の問題であり，それは，ウェーバーにおける正当性，支配，道具的合理性などと同程度に論争的なテーマだった。一見したところでは，ウェーバーの〈鉄の檻〉のほうが個人の従属や疎外を強くイメージさせるが，それ以上に，個人の縮小という一撃に耐えたのはデュルケームなのである」(Robertson, 1980, p. 229)。

第 4 章　個人化する個人

(3)「人格」と「社会的なもの」

よく知られているように，デュルケーム社会学の出発点は進化論的なハーバート・スペンサーの功利主義的個人主義への批判にあった。「デュルケームはスペンサーの功利主義的個人主義が道徳を軽視しているとして批判し，…分業の研究を通して，個人主義の増大と社会統合・解体の結びつきを研究したのである」(Marske, 1987, p. 5)。

デュルケームは初期には個人よりも社会の構造に因果的優越性を与えていたので，まだ個人主義を社会的連帯の基盤としては概念化していなかった。

『社会分業論』(1893 年) の段階では，個人的人格の尊重を意味する個人主義に対してはまだ否定的であり，「この（個人主義という）共同信仰は我々を社会に結びつけるのではない。我々同士を結びつけるだけである。したがって，それは真の社会的紐帯を作りはしない」としていた (Durkheim, 1893, p. 147)。

個人をいくら集めても，そこから「社会」という，もう一つ別の位相を導き出すことはできない。それゆえに，個人を超えた「社会的なもの」の価値を強調していた。「デュルケームが個人主義評価を修正したのは，ドレフュス事件の渦中で書かれた，1898 年の『個人主義と知識人』という論文に明らかである」(中島，1997，202 頁)。

『社会分業論』執筆段階では，まだ個人主義を真の社会的連帯の基礎や紐帯として理論化はしていなかったが，デュルケームはやが

て，道徳的個人主義（moral individualism）に至った。

『個人主義と知識人』では，18世紀が個人主義に与えた定式を超えるべく，スペンサー的功利主義に対してカントとルソーの個人主義を対置し，「人間的人格を聖なるものと考え」，「人間が信者であると同時に神でもある，一つの宗教，個人主義」を強く主張することになる。

そのうえで，カントとルソーがまだ理解していなかったことは，個人主義それ自体が実は社会的産物であったということだとして，デュルケームはこの「個人主義的道徳をその合理的表現とするような"人間性の宗教"（religion de l'humanité）」（Durkheim, 1898, p. 271）を，「これから後の国家の道徳的統一性を確立するための唯一の信条体系」と考えた。

しかし我々は，もう一度，原点に戻らねばならない。デュルケームは個人と社会とが異なる存在であることを示しながらも，二つを結びつけることに苦心したからである*。

デュルケームは『宗教生活の原初形態』（1912年）の中で，「人格の観念は二種の因子の産物である」とし，一つは，「本質的に非人格的であり，…集合的資産の一部なのである」と述べている。他方は，各個人の別々の人格・個性が存在するための個別化の因子であるとして，"身体"にその役割が与えられている（Durkheim, 1912, p. 386）。

第 4 章　個人化する個人

> **＊デュルケーム的問題関心**
>
> 　20世紀末以降の新しい社会的情勢に直面する中で，広い意味でのポスト近代的理論構築において，論点は次第に道徳や連帯の問題に移行し，公共性論の高まりや生命・環境「倫理」の台頭，コミュニタリアンとリベラリズムの対立などの形をとりながら，デュルケーム的問題領域の再燃へと繋がっている（この点については，［三上，2003］で詳しく検討した）。
>
> 　ただ，これら近年の「デュルケーム的」問題においても，多くの論者は依然として個人と社会を結びつけるという近代社会学の前提を踏襲しようとしている。もちろん使用される概念や関係の付け方については理論的操作が施されているが，そこでの個人と社会の概念は曖昧で希望的観測に基づくものか，あるいは近代的前提に新しい衣を被せただけのものが多い。

　人格は，社会的なもの（非個人的なもの）と，個々人の身体的なもの（個性の容器）によって構成される。その際，決定的に重要なのは，個人が社会から譲り受ける集合的要素であるとしている。しかし，本稿の観点からするならば，あくまでも（社会生活上の）「人格」が社会的なのであって，決して諸個人の（内的）意識が丸ごと"社会的なもの"であるということではないはずである。

　我々が言語や象徴を理解し操ることができるのは，確かに，一方では「社会化」（社会規範や言語・慣習の内面化）と呼ばれるプロセスの産物ではあるが，そのようにして形成された私の意識＝個人の意識システムは，（まさしくデュルケームが指摘していたように）社会とは別の位相にあり，社会とは異なった原理で動いている。それゆ

えに，デュルケームを現代に援用しようとするならば，彼は半分までは正しかったという判断を下さざるを得ない。

　個人と社会が別物であること，そして人格は社会に由来するということの指摘において，デュルケームは正しい。だがそこから先の，（恐らくデュルケームの時代には深刻ではなかったが）我々の時代においては重要性を高めている，新しい形での「個人化」を語るための理論的装置を，デュルケームとその時代に求めることはできない。それを語るための社会学的ヴォキャブラリーも不足していたと言える。

個人「と」社会

第5章

序

　社会学は産業社会化によって提起された，近代社会の諸問題への応答として成立した。

　そして，この新しいタイプの社会と，そこに生み出された近代的個人とをどのように両立させるかが，理論形成の基本的構図となっていた。

　その理論モデルでは，社会のシステムに個人が包摂され，個々の行為者は，価値・規範・目的などによって，全体社会のシステムや下位の部分システムと緊密に結びつけられていた。

　しかし，「今日，支配的なのは，行為者とシステムの隔たりの観念であり，…行為者とシステムは別れたのである」(Dubet, 1994, p. 14)。

第5章　個人「と」社会

第1節　意識システムと社会システム

(1) 行為者とシステム

　現在の個人と社会の関係について，フランソワ・デュベは面白い言い方をしている。古典的社会学においては，「個々の行為者は社会的なものの内面化によって定義されており，…それらの理論のおのおのが，行為者とシステムの繋がりの理論を含んでいる。行為者とシステムの包含関係は，古典的社会学にとって核心だったのであり，それはパーソンズの行為概念で頂点に達する」(ibid., pp. 12f.)。

　デュベは「行為者と制度は，もはやただ一つの論理に還元することはできない。…個人の主観性とシステムの客観性は別れたのである」として，これまでとは異なった社会学を構想しようとしている。

　ここで言われている，個々の行為者と社会システムとの隔たりは，近年の「個人化論」と重なる論点であり，「ナルシス的個人主義」*，「リスクの個人化」(個々人を直接に襲うリスク)，「運命としての個人化」(自主的選択と自己責任の不可避性) などが与える感覚に沿ったものである。

　もちろん他方では，個人はグローバル化した社会のワールド・スタンダードや「マクドナルド化」(マニュアル化と効率化)，あるいは「新しい監視」が要求する行動モニターなどのシステム要求に従属してもいるわけだが，そういうものへの対応も含めて，個人はシステムから切り離されてしまった (高度の自律的選択性と自己責任)

という印象は強い。

> **＊ナルシス的個人主義**
>
> 開けゆくフロンティアに立ち向かう「プロメテウス的個人主義」と，自分自身への関心が中心を占める「ナルシス的個人主義」という区別の仕方がある。
>
> 前者は，マックス・ウェーバーが『プロテスタンティズムの倫理と資本主義の精神』でテーマ化した初期資本主義の企業家に代表されるような人間モデルであり，後にテオドール・W・アドルノが，「個人は普遍的なものの単なる執行機関に格下げされ，…今や，取るに足らないものになってしまった」(Adorno, 1966, S. 336) としてその没落を嘆いた，近代黎明期の個人である。
>
> それに比べると，現代人は，自分自身の感性や気遣い，自らを取り巻く人々との心情的交流などにその主たる関心を注ぎ，ややもすると私的な世界に閉じこもりがちな「ナルシス的個人」である。クリストファー・ラッシュ (Lasch, 1979) はそのような現代青年を"現代的ナルシシスト"とも呼んでいた。

この点と関わって，ルーマンとデュルケームは，個人と社会についての本質をついた議論という点では，同一線上にいる。「個人がますます自律的になることと，それにもかかわらずいっそう社会に依存するようになるのはいかにしてか？というデュルケームと同じ問いにおいて，明らかにルーマンはデュルケームに結びつけられるのである」(Schroer, 2001, S. 455)。

ところで，ルーマンが「個人」(Individuum) という言葉で意味するのは，個人の意識が，それ自身において意味的に閉じた一つの

(心的な) システムであることを指している。そしてそれは同時に，「特殊近代的な自己記述」としてもある。

我々はこのような意識システムの捉え方を採用することによって，デュルケームのみならずジンメルがつとに指摘していた，自己意識の自己関係性（再帰性・自己言及性）についての視点をも総合することができるのではないか。

(2) 人格と意識システム

第4章で述べた，エリアスやジンメル的意味での，"個人とは「個人化」するものだ"という論点，ならびに，"行為者とシステムが別れた"というデュベ的な視点，および，個人には還元されない社会的な「創発特性」を強調するデュルケームの議論を総合するうえで，ルーマンのシステム理論は，利用可能な理論的図式を提供している。

デュルケームは，社会を個人の行為に還元するのではなく，「社会的なものを社会的なものによって説明しようとする」という点で，古典的社会学の中では，唯一，ルーマンと共通の志向性を有しているとも言われている (Kneer/Nassehi, 1993, S. 73f.)。

そこでまず，人格は社会的なものであるというデュルケームの視点と，個人と社会は別れてしまっており，一つの論理に還元することはできないというデュベ的観点，そして意識システムは「閉じている」というルーマンの論点を結んでみたいと思う。

前章で触れたように，デュルケームにおいて「人格」「個性」は

第1節 意識システムと社会システム

社会に由来するものであり，それゆえ，個人（individual）と人格（person）は同義ではなく，個人は人格が埋め込まれる素材であり，また，人格は肉体的個人に初めから備わったものではない。

単純化して要約するならば，"入れ物"としての「個人」と，"中身"としての「人格・個性」は明確に区別されており，しかも，その"中身"の中核は社会に由来し，社会的なものとの相互作用によって人格的個性が形成されることになる。

分業が生み出す連帯は「各人が固有の活動領域を持ち，したがって個性を持ち」，個人的人格が集合的人格に吸収し尽くされていない時にのみ可能となる（Durkheim, 1893, p. 101）。すなわち「個人的人格の進歩と分業の進歩は，同じ一つの原因によるのである」。それゆえに「低級な社会においては，…個人的人格は存在しなかった」。

しかし，デュルケームの人格論は決して分かりやすくはない。恐らく，事態を説明するための社会学的ヴォキャブラリーが不足しているのであろう。デュルケームにおいては，人格概念の"半分"しか明らかでない。それが社会に由来するものであることは示しているが，個人と社会と人格の関係は明確ではない*。

もしデュルケームの定義が述べるように，人格は「個人にとって外在的な，人格についての集合的思考様式が個人に顕現したものであるならば，…我々は，社会的事実としての人格を，各個人のメンタルな表象を構成している意識的存在から切り離して，外在的なも

第5章　個人「と」社会

のとして研究しなければならない」(Cahill, 1998, p. 132)。

> **＊ジョージ・H・ミード (G. H. Mead) の〔I/me〕理論**
>
> G・H・ミードの『精神・自我・社会』(1934年) は、この問題に新たな視点から応答しようとした古典的業績である。
> 自我を二つの部分に分け、社会から譲り受けた部分（「客我」：me）と、固有の内的力動性の源である精神的作用（「主我」：I）との相互作用によって、個人と社会の力動的関係を説明しようとした。
> しかし、社会的な役割取得を通じて me を構成してゆくというバランスのとり方は、自己を恣意的に二つの部分に分けるという、根拠の薄弱な二分法に立っている。それだけでなく、本書の視点から見るならば、やはり個人と社会をいかにして結びつけるかということのみが理論構成の主眼となっていた。ただし、この考え方にも、意識システム論を再考するうえでの重要な論点は含まれている。

　この点に関わるルーマンの貢献は大きいように思われる。人格と意識システム（個人の内的意識のシステム）は明確に区別されるべきものである。人格はアイデンティフィケーションのための概念である。「人格」という「形式」において、個人の行動の可能性が一定の制限内に規定されるのである。

　コミュニケーションの相手として指定されるのが人格であり、それゆえに、言うまでもなく、人格はコミュニケーションによって生み出され、コミュニケーションの対象として期待されるのである。以下で、この点についてもう少し詳しく検討してみよう。

(3) 人格と社会システム

ルーマンは，コミュニケーションを要素として成り立つ「社会システム」と，個人の内的な思考・心情・意欲などによって成り立つ「意識システム」（心的システム：Psychische Systeme）とを峻別している。「まず初めに，意識システムと"人格"（Person）とを明確に区別しなければならない」。

「人格と意識システムの混同は阻止せねばならない。…人格とは…アイデンティフィケーションのための概念である」（Luhmann, 1995a, S. 146f.）。それは「個人としての人間という対象を観察するための形式であり，…人格は，行動可能性が個人に帰属される制限として規定される」。

つまり，各人の意識システムの内部を覗き込むことはできないが，個人の行動は，相互作用や社会システムとの関係で一定の行動予期を要求し，対人関係や役割遂行上のコミュニケーションに付随する複雑性が解消されねばならない。

そのための観察形式として要請されるのが「人格」という形式である。その働きによって，「人格は意識システムと社会システムの構造的カップリングに貢献するのである」（ebd. S. 153）。すなわち，構成原理を異にする二つのシステム（社会システムと意識システム）の連結（カップリング）を可能にする装置として人格という形式が存在するということである。

ルーマンのこの指摘を踏まえるなら，「人格」は意識システムと社会システムの間に介在する〈インターフェース〉と考えるべきで

第5章　個人「と」社会

あろう。それは「ペルソナ」(その向こうから声が聞こえてくる仮面)という，人格という言葉のそもそもの原義にも近く，個人の意識と他者ならびに社会とを取り結ぶ接触面("inter-face")であるという実態をよく表している。

　ルーマンのこの人格概念は，実は，社会学がその当初から持っていた"擬制"(フィクション)としての人格という概念に近いものである。しかし，我々が日常的に使う「人格」概念は，過剰に内面性を強調した("心理学化"したと言うべきか，哲学的と言うべきか?)ニュアンスを持っている。そこでは，人格は，個人の内部に引き込まれてしまっており，個々人の「主体性」に付随した，陶冶されるべき，「人間的な」何ものか，というイメージを強く伴っている。
　次節で「主体」の概念を批判的に検討する際にも触れるが，今日の人間は，「主体」「アイデンティティ」などと混交した人格概念から自由になるべきなのではないか。ルーマンは，その種の人間主義化された人格概念を脱構築するうえで，大きく貢献していると言うべきであろう。

　コミュニケーションによって成り立つ社会システムと，思考・心情・意欲の連続としての意識によって成り立つ心的システムは，言語，パターン認識などのほぼ全てにおいて接続しあっており，相互に浸透しているが，あくまでも二つは別個のシステムである。
　「コミュニケーションがコミュニケートするのであり，思考がコミュニケーションを行うのではない」。つまり，社会的なものと心的なもの(個人の意識)は別個であり，社会的なものは心的なもの

によっては説明されない*。

> ### *テンニースの「人格」概念
>
> 実はテンニースも、人格（Person）は擬制（フィクション）だと考えていた。人格は「選択意志」とゲゼルシャフト（利益社会）に対応した構成物であるとみなしている。自らを人格と考え、役割を引き受けて演じ、ある人格のキャラクターを自分の顔に付けるマスクとする限りにおいて、具体的な人格というものが存在するとしている（Tönnies, 1887, S. 151）。

デュルケームは個人と社会とが異なる存在であることを示しながらも、二つを何とかして結びつけようとした。それは、「個人」と、発展する近代産業社会、そして国民国家としてイメージされる「社会」との間の折りあいをつけようとするものであったはずである。

パーソンズはもっとうまく二つを結びつけて体系的理論を完成したが、デュルケームが、個人と社会は異なったリアリティを持つ存在だと考えた点を忘れてはならない。

ギデンズはデュルケームとパーソンズの連続性を、社会の道徳的合意に見ているが、他方で、デュルケームにおいては、〈個人と社会〉の関係は、パーソンズほどには明快ではないという保留を付けている。

デュルケームは個人と社会が異なった存在であることを強く意識していたが、パーソンズでは、共有価値とその内面化という理論的装置によって、個人は社会にうまく包摂される（包摂されてしまう）ことになる。

第5章　個人「と」社会

　自らとその人生を編集し続ける個人というギデンズの視点は、デュルケームとパーソンズに比べて過剰に主体主義的にも思われるが、ここでは、デュルケームにおける個人と社会との関係は、パーソンズより（よい意味で）込み入ったものであるというギデンズの意見に賛同しておきたい（Giddens, 1976, pp. 100ff.）。

　古典的社会学、そしてそれに続く20世紀社会学は、個人と社会という、二つの異なったリアリティを、何とか結びつけ社会に包摂しようとしてきた。
　だがそれらの理論的装置は制度疲労を起こしており、デュベが言うように「行為者とシステムは別れた」のである。そこで改めて、社会的事実としての人格を、各個人の内的意識から切り離して、外在的なものとして研究せねばならないとすれば、我々はここでルーマンを援用しながら、意識システムと社会システムを区別し、双方が独立したリアリティをもつ独自の存在だと考えるべきであろう。

第2節　主体の"奸計"

(1)「主体」の発明

　一般的理解の仕方として、ルーマンは「主体概念を自己言及的システムの理論によって置き換えようとした」（Konopka, 1996など）と言うことができる。自己言及（自己準拠）というのは、それまでの自分自身に準拠しながら、自身との再帰的（反省的）関係において自らを更新する形で、自分を再生産することを意味している。

第2節　主体の"奸計"

　社会システムはコミュニケーションを要素として，コミュニケーションの連鎖によって自己言及的（自己産出的）に再生産されるシステムであり，個人の意識システムは，思考・心情・意欲などを要素として，それらを再生産する自己言及的システムである。

　ルーマンの理論は，彼自身が色々な著書で様々な言い方をし，また，多くの研究者が様々な仕方でそれを表現しているので，どれか一つを引用してくるのはかえって難しいが，初めに，意識システムとは何かということを要約的に述べておきたい。本章の目的はルーマンの意識システム論そのものの理論的吟味ではなく，むしろそれとは少し距離を取って，社会学的に主体論を位置づけることである。

　上述したように，意識システムと社会システムは別個の，それぞれに独自の要素を再生産するシステムとしてある。「意識システムと社会システムは，意味のプロセスに根拠づけられて共に進化する」（Rapic, 2008, S. 391）と言えるが，あくまでも別々のシステムである。

　個人の意識内での意識の流れ（意識システムの再生産）と，外に向けて発信されたコミュニケーションの連鎖によって成り立つ社会システムとは，明確に区別されねばならない。複数の人間による外化されたコミュニケーションのシステムである社会システムは，個人とは異なるレベルにある独自の特性を持った創発的（emergent）なシステムであり，決して個人には還元できない。

　それはデュルケーム以来の社会学で繰り返し指摘されてきたこと

第 5 章　個人「と」社会

である。しかし，社会システムだけではなく，個々人の意識もまた，他の個人や社会が侵入することのできない独自の意味的閉じを形成している。

ルーマンの「意識システム」の理論が有する，本章にとって重要な論点は，ルーマンが個人と主体を区別するその仕方である。

『主体の奸計と人間への問い』と題する論文においてルーマンは，「主体」(Subjekt) という概念は，人間主義が社会に立ち向かうための「共同謀議」の産物として，歴史的に形成されたものであるとしている。

「超越性に関わる古来の表象は，かつてはいつも宗教的に規定されていたが，カントによって主体に，そして人間に移し替えられた」——それを更に社会に移し替えたのがデュルケームであることはよく知られている。

そしてロマン派やヘーゲル派の理論的試みの後も，「人間的個人を主体と名づけ，社会に対する一種の共同謀議において，主体という名を弁護し守るという慣行が残った」(Luhmann, 1995b, S. 157)。それをルーマンは主体の「奸計」（悪だくみ：Tücke）と呼ぶ。

明らかに 19 世紀初め頃にはすでに主体という形式に信頼が置かれていたが，それは適切な社会理論がなかったからであり，「全ての未知のこと，不確かなことが，自由という形をとって主体に収納された」(ebd., S. 161)。「主体の名において…社会に向けた白紙小切手が交付される。主体は…社会の〈ユートピア〉（どこにもない場

所)である」(ebd., S. 162)。

　ルネッサンス以来の人間主義(ヒューマニズム)が,意識的存在としての人間を他の全ての存在者から区別する「主体」の論理に置き換えられ,主体の中身として充填されたのが「自由」という白紙小切手であった,というのがルーマンの見方である。

　社会が人間から成るという,人間主義の主体主義的偏向が「認識論的障害物」となって,人間を社会システムの環境に正しく位置づけることを阻んでおり,それが原因で,「特殊社会学的な個人の概念が発展しなかった」と言うのである。

(2) 主体の人間学

　「意識の主体性テーゼ」や「主体の人間学化」は,社会性を「誰もが人間として備えている性質」に還元してしまうのであり,人間学的に把握された主体は「底のない樽」のようなものとなる(Luhmann, 1981, S. 239, 243)。

　主体はそれ自体の中で社会秩序を構成することを無理やり要請されており,これでは社会的なものを問う道が塞がれてしまっているとして,社会的なものを社会的なものによって説明するための論理として,ルーマンは独自の社会システム理論ならびにそれに対応した意識システムの理論を立てようとした。

　社会決定論的な理論構成(社会によって個人を説明する)と,主体哲学の論理(個人主体から社会を批判的に構成する)は,おのおの反対の方向から社会と個人の関係を問おうとした,近代の思想的潮流

第5章　個人「と」社会

であったと言えよう。それゆえに，更に両者の視点を総合して個人と社会を結びつけることが，魅力あるテーマとして社会理論構成を牽引し続けてきた。

　もちろん，主体が実体的なものでない点に古典的社会が無頓着であったわけではない。ジンメルを参照しつつ，この点に一定の留保をつけておかねば公平性を欠くであろう。

　第4章でも触れたが，ジンメルは「人間が自らを〈私〉(Ich) と呼ぶことと，このような〈私〉の外にある客観的存在物を認知することとは，明らかに同時に生成するものである」(Simmel, 1900, S. 30) とし，「自我と客体は，我々の存在の全ての可能性領域において相関概念なのであり，両者は表象作用の根源的形式においてはまだ未分化であるが，そこから，一方が他方に対して分化してくる」と明言している。

　自他の区別が曖昧な段階から，成長と社会化によって，次第に外界が客観的なものとして把握されるようになり，それに伴って，"自分"というものが一個の"主観"として理解されるようになるという主張である*。

　ジンメルの場合，「個人」は実体的な概念ではない。それは社会化と社会分化のプロセスの中で，「社会圏の交差」によって媒介された結果としての関係的概念である。

　それゆえ，我々はジンメルから「主体性の構成という問題を社会的経験の変容と関連させて考えるということ，…ならびに，社会的現実が多様であって，様々に変容し，かつ，断片的で偶然的に体験

第 2 節　主体の"奸計"

> 📖 ＊「鏡に映った自己」
>
> 　これはジンメルと同時代のアメリカの社会学者チャールズ・H・クーリー（C. H. Cooley）が、「鏡に映った自己」(looking-glass self) という別の表現で明らかにしたこととも符合する。幼児は成長のある段階に至って初めて、自分自身を表す一人称（「私」）を使用することができるのであり、それ以前には、自他は未分化である。現代思想では、J・ラカンが「鏡像段階」の理論として、同様の論点を展開している。この点については［三上，1993］で詳しく検討したことがあるが、紙幅の都合上、ここでは省略せざるを得ない。

される時には、いかなる統一的自己像も媒介されない」ということを学ばねばならない（Biesenbach, 1988, S. 139）。

　ということは、逆に言えば、近代人が強固な主体性と自己同一性の意識を持ち得たということは、客観的現実が同程度に安定した（一定方向に変動はしても、曖昧化したり解体したりはしない）ものとして捉えられていたということになろう。

　ポスト近代社会における「主体の死」、「個人の終焉」というテーマは、この観点から検討されねばならない。社会が流動化して曖昧にしか捉えられない時代には、個人の輪郭もまた流動化する。「社会の終焉」と「個人の終焉」は同時に進行している。

　一般に、社会学の歴史において、〈個人と社会〉という問題設定によって問われてきたことは、大なり小なり上述のような意味での（人間的）個人主体と社会の間の矛盾や齟齬、そしてその調停であ

第5章　個人「と」社会

った。人間＝主体にとって，社会が疎外的であったり，拘束的・義務的であったり（É・デュルケーム），社会化・内面化の関係（T・パーソンズ）にあったりする様相を描き続けてきたはずである。

第3節　「閉じつつ開く」システム

(1) 意識システムの「閉じ」

現代の機能分化した社会を，人間主義的主体概念によって説明することはできないというのがルーマンの出発点である。我々はルーマンの示唆を個人化論にどのように生かすことができるだろうか。

主体性論は，それがどのような理論的形態をとっても，どこかで人間と社会を混交させてしまう。ギデンズの社会理論なども，その一見現代風の「第二の近代」「ハイ・モダニティ」の理論構成とは裏腹に，基本的スタンスが主体性論であるために，理想（希望）と事実の区別が曖昧になってしまっている。

もし主体と呼ぶならば，実は，ルーマン的意味での社会システムもまた主体と呼ぶことができる。ルーマンに従えば，社会システムは独自の世界認識の主体であって，「徹底的に脱人間化した意味処理の主体として経験的実在性をもって存在している」（徳安，2006，77頁）。意味処理の主体という点では，社会システムと意識システムは，どちらも主体と呼ぶことができるのである。

例えば，経済のシステムは，貨幣と商品などの一定の視点から社会を処理するシステムであり，その点では，比喩的に表現すれば，社会の経済的な"主体"であるという言い方が可能である。

第3節 「閉じつつ開く」システム

ジンメルも,個人と社会が共に「主体」と呼び得るものであり,どちらを主体とするかは「観点」の相違にすぎないと指摘していた(Simmel, 1917, S. 68)

ルーマンが批判しているのは,脱人間化されない社会理論の根幹にある,「人間的主体」という,上述したような,人間主義に基づく主体論である。「主体」と呼び得るのは人間だけだという思想である。

確かにその観点が近代社会を作り上げてきたが,この観点に立つ限り,社会はどこまで行っても人間(個人)と明確に区別のできない存在となり,固有の社会概念(そして固有の個人概念も)は形成されない。

ルーマンは,近代哲学において主体というタイトルが付けられる形態の哲学が発生し得た前提は,〈友好/敵対〉〈正/誤〉〈同調/離反〉〈有益/有害〉等の二元的図式のいずれかの選択を,それを受け入れるシステム(個人=意識システム)に任せる可能性にあったと見ている。主体は主体たることの可能性を,主体自体の能力(天与の本性)ではなく,こうしたあらかじめ与えられた条件,すなわち新たな選択可能性の発生に負っている (Luhmann, 1984, S. 317)。

社会システムと同様に,独立した意味システムである各人の意識システムは,それぞれに一個の独立したシステムである。それゆえ「私」が何を考え感じているかという内実を外から見通すことはできず,その内実とは区別されたものとして,外化されたコミュニケーションによって「社会」は成り立つことになる*。

第5章 個人「と」社会

> ### *"行為"とコミュニケーション
>
> ルーマンは,マックス・ウェーバー以来の行為論においては,行為者によって思念された地平を超えることができないとして,行為者の意図や動機よりも,外化されたコミュニケーションや行為の非任意性によって社会システムが成り立っていると考えている。
>
> 現代人にとっては,行為はそれほど明確な動機や目標によってコントロールされているものではなく,どちらかというと,状況と他者に応じて,状況主義的に選択された行動やコミュニケーションから成り立っていると見るほうが考えやすい。個人の社会的振る舞いは,内的動機や目標によってよりも(それがないわけではないが),むしろその場その場で状況に応じて展開してゆくことが多い。
>
> 現代人にとっての行為は,ウェーバーやパーソンズが考えていたように,動機と目標と行為が直線的かつ因果的に繋がったリニアーなものではなく,もっとジグザグである。社会は,多くの選択肢の中から,それほどの必然性を伴わずに選ばれた行為やコミュニケーションから成り立っている,と考えるほうが現代の日常感覚に合っている。

個人の意識は独立した「閉じ」を形成しており,「私」の意識(内面)は誰にも見透かされることがなく,誰の意識も直接に私の意識に侵入することはできない。個人は成長の過程で非自覚的に社会の影響を被って人格形成されたかもしれないが,独立した「自分」という意識が成立した後は,いかなる外的他者によっても犯されない自分の領域を確保している。それが破られるのは,ある形での精神の病においてであり,そういうことがない限り,我々は"自分"(自らの領分)を保持している。

(2) 意識システムの「開け」

そのような個人の意識システムは、(社会システムと同様に)「閉じつつ、開いている」。

経済システムを例にとるならば「十分に貨幣に基礎づけられた経済は、閉鎖的であると同時に開放的であるシステムの、格好の例である」(Luhmann, 1984, S. 626)。経済システムは「貨幣」というメディアを用いて、財の所有を巡る売買のコミュニケーションを遂行するシステムであり、その限りにおいて一つの閉じたシステムである。

だが経済システムは、利潤の追求や貨幣の獲得という独自の観点からのみ外界を捉えるという意味において、社会のあらゆる事象がその普遍的観点から観察・処理される。いわば貨幣という平面で社会を切り取るのである。一定の基準によって意味的に閉じたコミュニケーション空間である機能システムが、社会的機能を分担できるのは、このような「開け」によってである。

「閉じた」システムというイメージは、実は、個人の意識のシステムを例にとって考えるのが最も分かりやすい。いかなる外界の出来事も、諸個人の閉じた意識の中で蓄積されてきた思考・心情・意欲のネットワークに取り込まれる形でしか収められない。そもそも、ひとりの人として自己意識を持ち得るのは、自分の意識が閉じていて他者の意識と交わらないからである。その点で我々の意識は自己中心的に閉じている

個々人の意識システムが閉じているからこそ、我々は「自分」

(自らの領分)を意識することができるのであり、もしそうでなければ、(テレパシーのように)不断に他者の思考による精神への侵入を被ることになるだろう。

そして、まさにそれぞれの意識が閉じていて交わらないからこそ、人々は言葉や貨幣や、時には暴力さえ用いてコミュニケーションを図ろうとするのである。

同時に、意識システムは独自の見方・感じ方によって外界の情報を取り入れ、反応し、外界と交渉する。しかも決してそれらと混ざりあうことのない、独自の心的なシステムを維持・再生産している。これがシステムが「閉じつつ開く」ということの意味である。

あらゆる高度に分化したシステムは（社会システムも意識システムも）このような「閉じ」と「開け」によって成立し、一方では、その閉鎖性を再生産することによって自己の内的複雑性を高め、同時に、外界へのより大きな適応力と処理能力＝開放性を獲得してゆく。このようなシステムの自己産出が「オートポイエシス」(Autopoiesis)と呼ばれる*。

(3) 個人と社会は「切れて」いる

このシステム観を援用するならば、個人化という事態を正しく把握するために今必要なのは、個人の意識と社会とを別々のシステムとして明確に区別することである。そのうえで、別個の独立した二種類のシステムがいかにして〈分離／結合〉しているかを検討するべきである。

個人化の進展で個人がバラバラになってしまい、社会性と連帯が

> **＊意識システムのオートポイエシス**
>
> 意識システム自体の自己産出については，例えば『意識のオートポイエシス』(Luhmann, 1985) という論文がある（この論文は後に『社会学的啓蒙』第6巻にも収録されている）。そこでは，意識（広い意味での"思考：Gedanke"の再生産とネットワーク）がどのように産出されてゆくのかということが考察されている。
>
> ここでルーマンが意識システムと呼んでいるのは，いわゆる「心理」とは異なる。思考や心情が自己言及的に再生産されているシステムのあり様をオートポイエシスと呼んでいるのであって，特定の心情や認知がいかなる心理的事情によってもたらされるのかという問題を扱っているわけではない。

失われつつあるからこそ，今一度，個人と社会を結ぶ理論的可能性を追究するべきだという考え方は根強い。その姿勢自体は好ましいものかもしれないが，現実を見誤る可能性がある。

現在進行しつつある個人化は，個々人がバラバラになって社会性を喪失してゆくということではなく（確かにそう感じられる部分はあるが），個人と社会がきちんと区別されることによって，逆に，個人は個人として，それとは別の位相にある社会との間で，一定の手続き化された関係性を保っている——同時に，ナルシス的個人を自分の側に保持してもいる——と考えるべきではないのか。ルーマンの意識システム論が（不十分ながら）示している方向はそのような方向である。

社会学は，個人と社会という異なったリアリティを何とか結びつ

第5章　個人「と」社会

け社会に包摂しようとしてきた。しかし、意識システムと社会システムを区別し、双方が独立したリアリティを持つ独自の存在だと考えたほうが今の現実に則している。

個人の意識と社会システムは「切れて」いるという意味において、社会＝ゲゼルシャフトは、あらゆる点で分離している。それゆえにこそ様々なプロセスや構造において結びつき（接続）が図られる。つまり、"ゲゼルシャフトはあらゆる分離にもかかわらず結合している"。

反対に、ゲマインシャフトは、個々人の意識システムの多様性と異質性にいつも晒されており、それゆえに、"あらゆる結合にもかかわらず分離している"。我々はそういう時代を生きているようである。

これは「鶏が先か、卵が先か」的な単なる言葉の入れ替えではない。ジンメルは「切ることと結ぶこと」は同じ事柄の二側面であると指摘していた。

我々があるものを「〈分割されている〉」と見なすとき、我々はすでに意識の中でそれらを相互に関連づけているのである。…逆に、結びついていると感じられるのは、あらかじめ何らかの形で相互に分離させている場合のみである。物事が繋がりを持つためには、それらはまずもって隔てられていなければならないのである」(Simmel, 1909, S. 1)。

様々な社会関係において、結合と分離は同時に存在すると考えることができる。だが、これまでの社会学の学問的方向性は、個人を社会に結びつけてゆく方向に定位されていたと言うことができるだ

ろう*。

> **＊ジンメルと「社会」の概念**
>
> ジンメルは，身分社会で隔てられていた上層／下層の両身分が，おのおのの差異を超えて一体となって一つの社会を構成するために，「社会」という概念が要請されたのだと考えていた。そして，その際に社会学の課題として設定されたのは，まさに，そのようにして隔てられていた者同士が結びつけられるのは，いかにしてかという問いであった。
>
> それゆえにジンメルは，競争・闘争・模倣などの，社会化の「形式」をもっぱら追究する「形式社会学」を志向することになった。

　近代社会の生成とともに「個人」という概念が見出されたのは，共同体への埋没から個人が自律化し，個人とそれを取り巻く世界との疎隔が認識されたからである。そして，近代社会が独特のシステムを確立してゆく過程で，個人にとって周界が疎外的存在として（あるいは保護・保障の最終的審級として）現れた時に，「社会」という概念が発見され，個人と社会の関係が概念的に更新された。そのような形での更新が，今また更に改定されようとしている。

　近代社会学は「遮断」と「分割」を，個人と社会（あるいは人間と人間）を結びつける方向で処理しようとしたが，むしろ遮断を遮断として受け入れることによって，逆に，結びつきが確保されるような理論的反転が求められているのではないか。

(4) 分離と結合——個人と社会を「切り」つつ「結ぶ」——

　個人の意識システムと社会システムはそれぞれに「閉じて」お

第5章　個人「と」社会

り，二つは「切れている」。だからこそ，結びつけられる必要があり，その手段として，言語や「象徴的に一般化されたコミュニケーション・メディア」が機能してコミュニケーションが遂行される。社会とは，そのようなコミュニケーションの連鎖によって形成された空間である。

外化されたコミュニケーションのネットワーク（社会）と，個人の思考・心情・意欲の内的ネットワーク（意識）は，それぞれに閉じており，別個の位相にある。

我々が個人と社会の関係を再考する際に求められる方向性は，社会学においてこれまで想定されてきたものとは逆になりつつあるようである。社会を構想する時に，まずもって〈結合が存在するべきである〉という想定は離脱しなければならないのではないか。〈結合は分離によってしか生まれず〉，そのプロセスで，個人と社会は共に自律性を高めてゆく。

個人の意識システムと社会システムは同じ重みで存在し，互いに従属したり包摂されたりすることのない関係を形作りつつある。個人を超越した存在だと考えられてきた社会が，個人を"超えて"いるのではなく，むしろ個人が，社会と対峙する存在として認識され始めている。このように考えることが，個人と社会の「と」を，より現代に即した形で捉え直すことに繋がるのではないだろうか。

引用文献

　本書で引用される翻訳文は，全て筆者が訳出したものであり，本文中の引用頁表示は原典のものである。文献表には，代表的翻訳文献を掲げて，読者の便宜を図った。

　本書で扱った分野には，参照すべき文献が国内外に数多く存在する。外国語・邦語文献共に，参考文献として掲げたいものは沢山あるが，紙幅の都合もあり，以下には，本文で直接引用した文献のみを記した。

　とりわけ邦語文献については，読者の参考になる多くの研究が存在するが，取り上げれば切りがないということもあり，割愛した。各位のご寛恕を請いたい。

Adorno, T.W., 1966: *Negative Dialektik,* Tiedemann, R.(Hg.), Gesammelte Schriften, Bd.6, Suhrkamp, 1973.『否定弁証法』，木田元他訳，作品社，1996年

Bauman, Z., 1993: *Postmodern Ethics,* Blackwell.

Bauman, Z., 2000: *Liquid Modernity,* Polity Press.『リキッド・モダニティ』，森田典正訳，大月書店，2001年

Bauman, Z., 2001: *The Individualized Society*, Polity Press.『個人化社会』，澤井敦他訳，青弓社，2008年

Bauman, Z., 2008: *Does Ethics Have a Chance in a World of Consumers?,* Harvard Univ. Press.

Beck, U., 1986: *Risikogesellschaft*, Suhrkamp.『危険社会』，東・伊藤訳，法政大学出版局，1994年

Beck, U., 1997: *Was ist Globalisierung?,* Suhrkamp.『グローバル化の社会学』，木前・中村監訳，国文社，2005年

Beck, U./Beck-Gernsheim, E., 2002: *Individualization*, Sage.

Beck, U./Bonß, W./Lau, C., 2001: Theorie reflexiver Modernisierung, Beck, U./ Bonß, W. (Hgs.), *Die Modernisierung der Moderne,* Suhrkmp.

Beck, U./Giddens, A./Lash, S., 1994: *Reflexive Modernization,* Polity Press.

『再帰的近代化』，松尾精文他訳，而立書房，1997年

Beck, U./Vossenkuhl, W./Ziegler, U.E., 1995: *Eigenes Leben,* Bayerische Rückversicherung Aktiengesellschaft.

Beck, U./Willms, J., 2004: *Conversation with Ulrich Beck*, Polity Press.

Biesenbach, K.P., 1988: *Subjektivität ohne Substanz*, Peter Lang.

Borch, C., 2011: *Niklas Luhmann,* Routledge.

Burkitt, I., 2008: *Social Selves*, rev.ed., Sage.

Cahill, S.E., 1998: Toward a Sociology of the Person, *Sociological Theory*, 16-2.

Castel, R., 1991: From Dangerousness to Risk, Burchell, G./Gordon, C./Miller, P. (eds.), *The Foucault Effect,* Univ. of Chicago Press.

Collins, R./Makowsky, M., 1972: *The Discovery of Society,* 4. ed., Random House, 1989.『社会の発見』，大野雅敏訳，東信堂，1987年

Dubet, F., 1994: *Sociologie de l'expérience*, Seuil.『経験の社会学』，山下雅之監訳，新泉社，2011年

Dumont, L., 1983: *Essais sur l'individualisme*, Seuil.『個人主義論考』，渡辺・浅野訳，言叢社，1993年

Durkheim, É., 1893: *De la division du travail social,* 10e. éd., PUF., 1978.『社会分業論』，田原音和訳，青木書店，1971年

Durkheim, É., 1898: L'individualisme et les intellectuels, *La science sociale et l'action*, PUF., 1970.『社会科学と行動』，佐々木・中嶋訳，恒星社厚生閣，1988年

Durkheim, É., 1912: *Les formes élémentaires de la vie religieuse*, 6e. éd., PUF., 1979.『宗教生活の原初形態』，古野清人訳，岩波書店，1975年

Elias, N., 1987: *Die Gesellschaft der Individuuen*, Schröter, M.(Hg.), Suhrkamp, 2003.『諸個人の社会』，宇京早苗訳，法政大学出版局，2000年

Ewald, F., 1986: *L'État providence,* Bernard Grasset.

Ewald, F., 1996: Philosophie de la précaution, *L'Année sociologique,* 46-2.

Foucault, M., 1975: *Surveiller et punir*, Gallimard.『監獄の誕生』，田村俶

訳，新潮社，1977 年

Frisby, D./Sayer, D., 1986: *Society*, Ellis Horwood.『社会とは何か』，大鐘武訳，恒星社厚生閣，1993 年

Giddens, A., 1976: *New Rules of Sociological Method,* 2. ed., Polity Press, 1993.『社会学の新しい方法基準』，松尾精文他訳，而立書房，1987 年

Giddens, A., 1990: *The Consequences of Modernity,* Polity Press.『近代とはいかなる時代か？』，松尾・小幡訳，而立書房，1993 年

Giddens, A., 1991: *Modernity and Self Identity,* Polity Press.『モダニティと自己アイデンティティ』，秋吉美都他訳，ハーベスト社，2005 年

Giddens, A., 1992: *The Transformation of Intimacy*, Polity Pres.『親密性の変容』，松尾・松川訳，而立書房，1995 年

Habermas, J., 1962/1990: *Structurwandel der Öffentlichkeit,* Suhrkamp.『公共性の構造転換』，細谷・山田訳，未来社，第二版，1994 年

Hacking, I., 1990: *The Taming of Chance*, Cambridge Univ. Press.『偶然を飼い慣らす』，石原・重田訳，木鐸社，1999 年

Klein, N., 2007: *The Shock Doctrine*, Penguin Books, 2008.『ショック・ドクトリン』，幾島・村上訳，岩波書店，2011 年

Kneer, G./Nassehi, A., 1993: *Niklas Luhmanns Theorie sozialer Systeme,* 2.Aufl., W.Fink Verl., 1994.『ルーマン　社会システム理論』，舘野受男他訳，新泉社，1995 年

Konopka, M., 1996: *Das psychische System in der Systemtheorie Niklas Luhmanns*, Peter Lang.

Lasch, C., 1979: *The Culture of Narcissism*, W.W.Norton & Company.『ナルシシズムの時代』，石川弘義訳，ナツメ社，1981 年

Lau, C., 1989: Risikodiskurse: Gesellschaftliche Auseinandersetzungen um Definition des Risikos, *Soziale Welt,* 40-3.

Luhmann, N., 1968: *Vertrauen*, 4.Aufl., Lucius & Lucius, 2000.『信頼』，大庭・正村訳，勁草書房，1990 年

Luhmann, N., 1981: *Gesellschaftstruktur und Semantik, Bd.2,* Suhrkamp.『社会システム理論の視座』，佐藤勉訳，木鐸社，1985 年

引用文献

Luhmann, N., 1982: *Liebe als Passion*, Suhrkamp.『情熱としての愛』,佐藤・村中訳,木鐸社,2005 年

Luhmann, N., 1984: *Soziale Systeme*, Suhrkamp.『社会システム理論』(上)(下),佐藤勉監訳,恒星社厚生閣,1993,1995 年

Luhmann, N., 1985: Die Autopoiesis des Bewußtseins, *Soziale Welt*, 36-4.

Luhmann, N., 1988a: *Die Wirtschaft der Gesellschaft*, Suhrkamp.『社会の経済』,春日淳一訳,文眞堂,1991 年

Luhmann, N., 1988b: Familiarity, Confidence, Trust, Gambetta, D.(ed.), *Trust,* Blackwell.

Luhmann, N., 1990: *Soziologische Aufklärung 5*, Westdeutscher Verl.

Luhmann, N., 1991: *Soziologie des Risikos,* Walter de Gruyter.

Luhmann, N., 1995a: Die Form Person, *Soziologische Aufklärung 6,* Westdeutscher Verl.(この著作に収録された幾つかの論文は訳出されている。『ポストヒューマンの人間論』,村上淳一編訳,東京大学出版会,2007 年)

Luhmann, N., 1995b: Die Tücke des Subjekts und die Frage nach Menschen, *Soziologische Aufklärung 6,* Westdeutscher Verl.

Luhmann, N., 1996: *Protest*, Suhrkamp.

Lukes, S.M., 1973: Types of Individualism, in *Dictionary of the History of Ideas*, vol.2, Wiener, P.P.(ed.), Charles Scriber's Sons.「個人主義の諸類型」,『個人主義と自由主義』,田中治男訳,平凡社,1987 年

Lyon, D., 2001: *Surveillance Society,* Open Univ. Press.『監視社会』,河村十郎訳,青土社,2002 年

Marske, C.E., 1987: Durkheim's "Cult of Individualism" and the Moral Reconstruction, *Sociological Theory*, 5-1.

Mauss, M., 1950: Une catégorie de l'esprit humain, *Sociologie et anthropologie*, 3e. éd., PUF., 1989.『社会学と人類学Ⅱ』,有地・山口訳,弘文堂,1977 年

Mead, G.H., 1934: *Mind, Self and Society,* Univ. of Chicago Press.『精神・自我・社会』,稲葉三千男他訳,青木書店,1973 年

Merton, R.K., 1987: Three Fragments from a Sociologist's Notebooks, *Annual Review of Sociology, 13.*

Moeller, H-G., 2012: *The Radical Luhmann,* Columbia Univ. Press.

Pollack, D., 2008: Der historische Wandel des Kontingenzbegriffs als funktionales Bezugsproblem von Religion, K-S.Rehberg(Hg.), *Die Natur der Gesellschaft, Teilband II,* Campus Verl.

Putnam, R.D., 2000: *Bowling Alone,* Simon & Schuster.『孤独なボウリング』, 柴内康文訳, 柏書房, 2006年

Rapic, S., 2008: *Subjektive Freiheit und soziales System,* Verl.Karl Alber.

Robertson, R., 1980: Aspects of Identity and Authority in Sociological Theory, Robertson, R./Holzer, B.(eds.), *Identity and Authority,* Blackwell.

Schroer, M., 2001: *Das Individuum der Gesellschaft,* Suhrkamp.

Simmel, G., 1890: *Über sociale Differenzierung,* Dunker & Humbolt, Liberac rep., 1966.『社会分化論・宗教社会学』, 居安正訳, 青木書店, 新編改訳1998年

Simmel, G., 1900: *Philosophie des Geldes,* Rammstedt, O.(Hg.), Gesamtausgage, Bd.6, Suhrkamp, 1989.『貨幣の哲学』, 居安正他訳, ジンメル著作集2, 白水社, 1994年

Simmel, G., 1908: *Soziologie,* Rammstedt, O.(Hg.), Gesamtausgabe, Bd.11, Suhrkamp, 1992.『社会学』(上), 居安正訳, 白水社, 1994年

Simmel, G., 1909: *Brücke und Tür,* Landmann, M.(Hg.), Koehler, K.F. Verl., 1957.『ジンメル著作集12』, 酒田健一他訳, 白水社, 1976年

Simmel, G., 1912: *Die Religion,* Rammstedt, O.(Hg.), Gesamtausgabe, Bd.10, Suhrkamp, 1995.『社会分化論・宗教社会学』, 居安正訳, 青木書店, 1998年

Simmel, G., 1917: *Grundfragen der Soziologie,* Rammstedt, O.(Hg.), Gesamtausgage, Bd.16, Suhrkamp, 1999.『社会学の根本問題』, 阿閉吉男訳, 社会思想社, 1966年

Taylor, C., 1989: *Sources of the Self,* Harvard Univ. Press.『自我の源泉』, 下川潔他訳, 名古屋大学出版会, 2010年

引用文献

Tönnies, F., 1887: *Gemeinschaft und Gesellschaft*, Wissenschaftlice Buchgesellschaft, 1979, 4.Aufl., 2005.『ゲマインシャフトとゲゼルシャフト』, 杉之原寿一訳, 岩波書店, 1957 年

Wynne, B., 1996: Misunderstood misunderstanding, Irwin, A./Wynne, B.(eds.), *Misunderstanding Science?*, Cambridge Univ. Press.

小松丈晃, 2003:『リスク論のルーマン』, 勁草書房

徳安彰, 2006:「社会システムの脱人間化と脱主観化」,『理論社会学の可能性』, 富永健一編, 新曜社

中島道男, 1997:『デュルケムの〈制度〉理論』, 恒星社厚生閣

ベック・U, 鈴木宗徳, 伊藤美登里編, 2011:『リスク化する日本社会』, 岩波書店

松本三和夫, 2012:『構造災』, 岩波書店

三上剛史, 1993:『ポスト近代の社会学』, 世界思想社

三上剛史, 2003:『道徳回帰とモダニティ―デュルケムからハバーマス―ルーマンへ』, 恒星社厚生閣

三上剛史, 2010:『社会の思考―リスクと監視と個人化―』, 学文社

あとがき

　本書の各章は，これまでに学会誌，紀要等に発表した論文を，書き下ろしに近い形で，大幅に加筆・修正したものである。過去数年の間に発表した幾つかの論文を，本書のテーマにふさわしい形で再構成し，合併・補足等の作業を施して一書にまとめた。

　章によって，元の論文の形をあるていど留めているものから，全く異なったスタイルになったものまで，色々ある。それゆえ，ここで初出一覧を添えることにはあまり意味がないだろう。学会誌掲載論文は，『社会学史研究』（第33号，2011年），『日仏社会学年報』（第21号，2012年）などの特集に寄稿したものを改稿している。

　本書にはルーマンからの訳文が多く登場するが，"ルーマン語"にならないように気をつけた。ルーマンの論述スタイルはあまり好きではない。ずっと以前に『ルーマン読みのルーマン嫌い』（『ソシオロジ』47-1，2002年）というエッセイを書いたことがあるが，彼の簡潔すぎる文体や，何度聞いても釈然としない繰り返しなどには，辟易とさせられる。「ルーマンは，どうしてこんなに書き方が下手なのか」という評価が一般的である（Moeller, 2012, pp. 10f.）。
　しかし，現代を語るうえで欠かすことのできない幾つかの重要な論点を，ルーマンが提示していることもまた確かである。そこで，可能な限り，一般の社会学らしい語り口に改めて記述したつもりである。

あとがき

ルーマンはかつて，マックス・ウェーバー解釈に対して，一人のウェーバーを探し求めることにはあまり意味がないという辛口の批評をしたことがある。ウェーバーに比べれば，一人のルーマンを求めることはさほど難しくないと思う。しかし，時期によって，著作によって，それぞれに違う書き方をしていて，読むほうは戸惑う。

それゆえ片言隻句にこだわるのは得策でない。本書では，ルーマンの主張を利用しているが，忠実であろうとはしていない。冥界のルーマンもそのほうがいいと言うだろう。

ルーマンの場合には，社会システムに論述の中心があったがゆえに，「個人」についての記述は少なく，使用されるヴォキャブラリーもやや貧困である。社会との関係で個人をきちんと位置づけるという仕事は，不十分であったと言えよう。

ディアボリズムという言葉についても，一言，触れておかなければならない。「しょせん，世の中は分離と違背が常であり，結びつきや絆は絵空事にすぎない」などと言いたいわけではない。ディアボリズムは「悪魔主義」などではないし，つまらないニヒリズムに陥ってもらっても困る。

例えば，本書の第2章に登場する「愛」に関する論考であるが，その元の論文を，院生や学生に読むように，一度ならず求めたことがある。この場合，反応は見事に二つに分かれる。一方は，愛の社会的機能がよく分かったという，著者にとってはありがたい読者である。しかし，全く反対の反応を示す人々もいる。

もっと愛を信頼し，夢のある話をして欲しいと言うのである。確

あとがき

かにそうかもしれない。学生のこのような反応に出会った時には,ある種の後ろめたさに似たものも感じる。それが社会学という学問の宿命だなどとは思わないが,若者がつまらないニヒリズムに陥らないように,この点については,あまり語らないようにしようと思うことも,ないわけではない。

しかし,「しょせんは信頼も愛も違背に晒されている」と落胆するのではなく,常に違背の可能性があるにもかかわらず,それでも信頼が上首尾に終わり,親密な関係性が形成されるなら,そのことの価値と意義を知るべきである,と考えたい。
　愛というメディアは,親密性を形成するために生まれたメディアであり,不安や落胆のために存在しているわけではない。

ただし,シンボリズムに立つことの危うさは認識せねばならない。とりわけ「リスク社会」と呼ばれる現代社会では,ディアボリズムを基本に据えておかないと,自分自身が危険な目にあったり,不幸になったりする機会が増大している。
　ディアボリズムは社会を信頼しないということではないし,他者を愛さないということでもない。それらの危うさを見定めたうえで,なおかつ相互作用が可能になっていることの意味を認識することとして,受けとめるべきであろう。そのニュアンスを伝えられただろうか。

2010年に『社会の思考』(学文社)という小著を刊行している。その際は,簡潔にして要を得た記述を目指し,小著ではあるが内容

あとがき

のある本作りを心掛けた。今回は『社会の思考』のように講義傍用も念頭に置いて書いたものではないが,読みやすさを考えて小著とした。

読んで分かることを第一に考えつつも,『社会の思考』よりはやや専門的に著述し,文献実証にも気を配りながら,前著ではまだ練れていなかった新たな理論的観点を盛り込んだ。

また,注を要する用語や表現については＊を付して,本文中に補足的文章を挿入し,重要な人名にのみ,初出時に外国語表記を添えた。

『社会の思考』では,「リスクと監視と個人化」という,現代社会の主要なテーマを軸として,いわば現代社会を把握するためのデッサン的な著述を目指していた。そこでも,本書と同様の,個人と社会が「切れて」いるという観点の重要性は指摘していたが,どちらかというと,現代社会の大まかな見取り図を提供することのほうに力点があり,「社会」とは何かということを中心に論理が構成されていた。

本書では,前著であまり中心的に取り上げることができなかった「個人」の問題に焦点を当て,より厳密に,「切れて」いるということ,そして"「切り」つつ「結ぶ」"という論理を検討した。

前著ですでに触れていたテーマを新たに一書にまとめた理由は,「個人」の問題をより詳しく論じ,文献実証もしておきたかったということと,更には,「切れて」いる個人と社会を,「ディアボリズム」という視点から整理し直し,信頼や愛といった,具体的なテー

あとがき

マに即して論じておきたかったからである。

そしてそれは，期せずして，リスクと個人化というアングルから，改めて社会学の学説史を辿り，見直す作業ともなった。

はたして上記の目的は達成されただろうか。個人と社会の置かれた新たな関係性を理解するとともに，社会学という学問の存在意義を捉え直すための，一つのきっかけとなるならば幸いである。

出版に当たっては，『社会の思考』と同様，学文社編集部のお世話になった。田中社長ならびにスタッフの皆さんにお礼を申し上げる。

2013年　春

著　者

著者紹介

三上剛史（みかみ　たけし）

1952年　京都府生まれ
　　　　京都大学文学部卒業
　　　　京都大学大学院文学研究科博士課程中退
現　在　追手門学院大学社会学部教授
　　　　神戸大学名誉教授
　　　　博士（文学）
著　書　『社会の思考』（学文社）2010年
　　　　『道徳回帰とモダニティ』（恒星社厚生閣）2003年
　　　　『ポスト近代の社会学』（世界思想社）1993年　など
論　文　「ディアボリックなものとシンボリックなもの」（『日仏社会学年報』，第21号）2012年
　　　　「〈個人化〉する社会の個人」（『社会学史研究』）第33号）2011年　など

社会学的ディアボリズム──リスク社会の個人──

2013年4月1日　第一版第一刷発行

著　者　三　上　剛　史
発行者　田　中　千津子

発行所　株式会社　学　文　社

©2013　MIKAMI Takeshi
Printed in Japan

〒153-0064　東京都目黒区下目黒3-6-1
電話（3715）1501代・振替 00130-9-98842
http://www.gakubunsha.com

（落丁・乱丁の場合は本社でお取替します）　　・検印省略
（定価はカバーに表示してあります）　　　　印刷／シナノ印刷
ISBN978-4-7620-2353-8